韓国語セカイを生きる　韓国語セカイで生きる

AI時代に「ことば」ではたらく**12**人

浅羽祐樹　朴 鍾厚 [編著]

奥奈津子　　黒島規史

成川 彩　　林 炫情

大貫智子　　新井保裕

浅見綾子　　梁 紅梅

木下 瞳　　辻野裕紀

朝日出版社

もうひとつのセカイへ、ようこそ

浅羽祐樹

　「ことば」が通じなくて悔しい思いをすることがしょっちゅうある。最近、40代後半オジサン教員にとってショックだったのは、ゼミ生から「先生、教室だとそんなことないんですけど、LINEだと「。」が多くて、なにより文が長いので、怒っているようにみえる」と言われたことだった。「オマエラこそ、メールに宛先を書かず、いきなり本文、しかも「〜してください」とほとんど命令文を平気で送ってくるじゃないか」というひとことをグッと飲み込み、「ええ！！そうだったの？？？」と、メディアごとにふさわしいコミュニケーションのあり方について反省を迫られた。「オワコン（꼰대）」にならないように、毎日、「訂正」の繰り返しである（東 2023a；東 2023b）。

　「ことば」が通じないときこそチャンスである。これまでの「当たり前」を見直し、「訂正」できるからである。「文末を句点で終える」というのは、いつでもどこでも誰にでも通じるわけではなく、時（Time）と所（Place）と場面（Occasion）（以下、TPO）に応じて「ふさわしさ」は異なるし、これからも新しいメディアの登場や関係性のなかで、常に変わっていくのである。

　そういう局面で「すねてしまう」ともったいない。外務省が主催する大学生向けの「国際問題プレゼーション・コンテスト」に学生グループが応募し、選に漏れたが、本選を一緒に観戦しに行ったことがある。外交官の畏友と、全日本ディベート連盟代表理事（当時）である故・瀧本哲史氏（瀧本 2011）も同行してくれ、終了後、月島でもんじゃ焼きを食べながら、みんなで本選出場チームの出来を忌憚なく論評した。さらに、「大人」3名は、コンテストそのものの

3

あり方や審査員評についても論評を始め、学生たちはついてこられなくなった。このとき、「わたしたちにもわかる「ことば」で話してくれなかった」とすねてしまった学生と、「この話がわかるようになりたい」と決意した学生とに分かれた。卒業までしか見届けていないが、見違えるように伸びたのは後者のタイプである。

　1年間の韓国留学（わたしの現任校だと、語学堂ではなく、「SKY（ソウル・高麗・延世）」の正規課程で学修する）に行って帰ってきた学生も、2つのタイプに分かれる。ひとつは、発音や抑揚は「ネイティブっぽく」なり、「わたしはデキル」と高揚感に包まれている。しかし、韓国語論文をレポートや卒業論文に引用したり、なにか意味のあるテーマについて15分間、プレゼンしたりできるようになっているわけではない。新聞の社説やコラムを訳出させると、語彙も不足しているし、漢字語はほぼ直訳しかできない。もうひとつのタイプは、「ある程度、自信はついたが、ChatGPTなどAI（人工知能）が飛躍的な進歩を遂げるなか、人間、しかも、この「わたし」にしかできないことを必死で身につけないといけない」と、自己肯定感と同時に知的謙虚さがにじみ出ている。

　韓国語「中級」レベルだと、「読む」「書く」はChatGPTと大差なく（瞬時に処理できない分、人間は絶対に「敵わない」）、「聴く」「話す」も、字幕の自動生成や機械音による通訳アプリの進展が著しい。

　たとえば、新海誠監督のアニメ映画『すずめの戸締り（스즈메의 문단속）』は日韓両国で大ヒットしたが、小説版もあり、映画版には入りきらなかった（わざと入れなかった）描写があるなど二重に楽しめるし、日本語版と韓国語版を対照するのもおもしろい。以下、ネタバレはないので安心して読み進めていただきたい。

「壊れてしまいそうなすずめの泣き声を聞きながら、私は思った。でも、だめだ。このままじゃだめだ。私は泣きやまなくてはならない。すずめと私とは違うのだ。私は今も弱いままだけれど──すくなくとも、あれから十二年は生きたのだ。生きてきたのだ。すずめは一人きりだけど、私はもうそうではないのだ。私がいま

何かをしなければ、すずめはこのまま本当に真正に、この世界に一人きりになってしまう。生きていけなくなってしまう。」

（新海 2022: 356）

クライマックスに該当する小説版のこの場面は、映画には台詞としては登場しない。ChatGPT 3.5 にかけると瞬時に以下のように訳出される。

고장나갈 것 같은 참새의 울음소리를 듣고 나는 생각했다. 하지만 안 된다. 이대로는 안 된다. 나는 울지 않아야만 한다. 참새와 나는 다르다. 지금도 나는 약하긴 하지만, 최소한 12년은 살아왔다. 살아왔다. 참새는 홀로인데, 나는 더 이상 그렇지 않다. 지금 무언가를 해야만 하는데, 참새는 이대로 진정되고 정말로 이 세상에서 혼자 남아버릴 것이다. 살아갈 수 없게 될 것이다.

固有名「すずめ」が一般名詞「雀（参新）」になっているのは仕方ないとして、「一人きり（홀로）」や「真正に（진정되다）」は上手い下手以前に、明らかに誤訳である。とはいえ、それ以外はそこそこ意味が通じる。韓国語版（新海／ミン・ギョンウク訳 2023: 332）ではこうなっている。

무너져 버린 듯한 스즈메의 울음을 들으며 생각했다. 하지만, 안 돼. 이대로는 안 돼. 울음을 그쳐야 해. *스즈메와 나는 달라*. 나 역시 지금도 약하기는 하지만, 적어도 이후로 12년을 더 살았다 살아온 것이다. 스즈메는 외톨이지만 이제 나는 아니다. 내가 지금 뭔가 하지 않으면 스즈메는 이래도 정말, 완전히, 이 세상에서 혼자 남게 된다. 살아갈 수 없게 된다.

日本語版で傍点が付されていた箇所は斜体表記である。「真正に」は「완전히（完全に）」に意訳されている。しかも、前後に、句点が挿入されることで、「정말（本当に）」と合わさって、「一人きり」

の「独りぼっちであること（loneliness）」（アレント 1994）が際立つ。「生きたのだ。生きてきたのだ。（살았다．살아온 것이다．）」は当然、訳し分けられている。これが、機械翻訳と「プロフェッショナル 仕事の流儀」の決定的な差、この「わたし」にしかできない「最上級」レベルである。

　別の例を挙げたい。

　わたしは政治学者なので、「「与小野大」国会（여소야대 국회）」の訳し方でその人の韓国語運用能力や「ことば」に対するセンシティビティを「値踏み」できると思っている。「与小野大」国会とは、与党が少数派で野党が多数派の国会のことで、尹錫悦政権が直面している政治状況だが、そのままだと日本語としては通じない。そこで意訳することになるのだが、「少数与党」「野党過半数」国会などがカードとしてありうる。外務省で英語の通訳担当官を務めた畏友が「手持ちのカードを一枚でも多くしておくこと」の重要さを1年生に向けて話してくれたことがあったが（田村・浅羽 2018）、まずは「カードをたくさん集める」局面がある。そのうえで、「どのカードを切るか」が（同時）通訳だと瞬時に試される。

　逆に、2000年代、しばしば日本でもみられた「ねじれ国会」（衆議院と参議院で多数派が異なる）を ChatGPT にかけると、「휘청거리는 국회」と直訳で、今のところ、使い物にならない。わたしならば、語りかける相手が一般市民なら、「일본형 여소야대 국회（日本型「与小野大」国会）と訳す。「与小野大」国会という韓国社会で定着している概念に「日本型」と追記するだけにとどめる。それは、韓国の一般市民は日本が議院内閣制で、かつ、二院制ということを知らないというふうに見立て、不用意に負荷をかけないためである。相手が政治学者ならば、「양원제 의원내각제형 여소야대 국회/분점정부（二院制議院内閣制型「与小野大」国会／分点政府）という別のカードを切る。大統領制において大統領と議会多数派の党派構成が異なることを「分割政府（divided government）」、同じことを「統合政府（unified government）」というが、漢字語で訳出する際に、日本語では「分割／統合」、韓国語では「分点（분점）／単点（단점）」とズレが生じていることまで踏まえないといけない。

6

「人を見て法を説け」というが、TPOに応じてふさわしく使い分けるためには、「まずはカードを増やし、どのような場面ではどのカードを切るのか」の実例にたくさん触れることが大切である。

韓国に在住する外国人数は2023年9月30日現在、251万人で、コロナ禍以前の水準を超え史上最高で、全人口に占める率も4.9パーセントに達する。「多文化家庭」も含めると、すでに「韓国民は韓民族だけで構成されていない」し、「韓国語」は「韓国人」だけが話しているわけではない。尹錫悦政権は「在外同胞庁」を設立し、750万に及ぶ「在外同胞」の権益増進に努めているが、ロサンゼルス、上海、大阪、さらにはタシケント（ウズベキスタン）やハルキウ（ウクライナ）などでは、それぞれのホスト社会や「国語」「公用語」とのあいだで「葛藤（갈등）」しながら、たとえば「在日朝鮮語」などの「クレオール（混成語）」が常用されている。いまや、World EnglishesならぬWorld Koreansなのである。本書は「韓国語」と冠しているが、「朝鮮語」や「日韓ミックス語」（「チンチャ（진짜）それな（ホンマそれ）」など）などにも開かれている。

「すずめと私とは違うのだ」（新海 2022: 356）とあるが、「十二年」前の出会いがなければ、「私」は今も「一人きり」のままだったかもしれない。韓国語との出会いも、政治学や新しい「ことば」との出会いも、このままでは通じない経験も、全部、「もうひとつのセカイへ」とあなたを誘ってくれている。この「いま・ここ」の「外」へ、「先」へと扉を開けてみてほしい。ただ、「踏み出す一歩目は小さくてもいい／大きな勇気がいるから」[1]（池田綾子「空の欠片」）。

この韓国語セカイに集った12名もそうした不安と勇気を合わせ持った冒険者たちである。わたしたちもまだまだ旅の途中で、"Make the unfamiliar familiar, and the familiar unfamiliar.（はじめは違和感があっても徐々に親しんでいくと同時に、馴染んでいたはずのものが毎回新しく映る）"の連続である。合わせ鏡のように、日本語セカイの「は」「が」の違いや現在形・過去形の使い分けが気になってしかたがなくなる。

---

[1]　JASRAC 出 2403947-401

一文一語が「気になりだす」と機械的に置き換えるだけでスラスラと進まなくなるが、スポーツでも語学でも、一直線上に伸びず、停滞しているように感じる時期（プラトー plateau：「高原」が原義）がある。「蝶」になる前には必ず「さなぎ」になるが、身動きができないもどかしさに耐えてこそ、一皮むける。跳躍する秋（とき）が来る。

　お笑い芸人のパックンの話す日本語について「ネイティブっぽくない」とバカにする人がいたら、むしろその人の品位が疑われるだろう。たしかに、抑揚には、母語の干渉がわずかながら残っているが、コミュニケーションに関する本を日本語で何冊も書いているし（たとえば、ハーラン 2014）、TPOに応じた使い分けは「ふつうの」「日本語ネイティブ」が到底及ぶものではない。ほかにも、ティムラズ・レジャバ駐日ジョージア大使（@TeimurazLezhava）も、ツイッター（現「X」）でなんどもバズる高度な日本語運用能力の持ち主だし、日本でほとんど馴染みのなかったジョージアにまず馴染んでもらい、そのうえでシュクメルリやワインを売り込むなどヤリ手である（レジャバ・ゴギナシュヴィリ 2023）。その大使でさえ、話すほうは「ネイティブっぽい」とは言えないが（Channel I-House ウェブサイト）、問題にする人は誰もいない。

　韓国語や日本語に限らず、「ことば」は「人の間」を取り持ったり、分かったりする。発音や抑揚の正確さも、もちろん、大切だが、語彙の豊富さ、TPOに応じた「ふさわしさ」をそのつど見極め、カードを切ることが欠かせない。本書に集った十二人十二色の「ことば」との出会い、それぞれの「葛藤」、カードの集め方や切り方と照らし合わせることで、「わたし」「いま・ここ」が「別様になりうる」という人生という旅路＝探求（ライフ・クエスト）へ、ようこそ！

📖 **参考文献**

東浩紀（2023a）『訂正する力』朝日新書
東浩紀（2023b）『訂正可能性の哲学』ゲンロン
アレント、ハンナ（志水速雄訳）（1994）『人間の条件』ちくま学芸文庫
新海誠（2022）『小説 すずめの戸締り』角川文庫

瀧本哲史（2011）『武器としての決断思考』星海社新書

ハーラン、パトリック（2014）『ツカむ！話術』角川oneテーマ21

レジャバ、ティムラズ・ゴギナシュヴィリ、ダヴィド（2023）『大使が語るジョージア
　　観光・歴史・文化・グルメ』星海社新書

田村優輝・浅羽祐樹（2018）「新しい「ことば」の学び方――「一身にして二生を経る」
　　時代を生き抜くために」SYNODOSウェブサイト、2018年3月30日
　　https://synodos.jp/opinion/society/21263/

Channel I-House（国際文化会館）「Ambassador in Town #2 ティムラズ・レジャバ
　　駐日大使」2023年3月17日公開
　　https://www.youtube.com/watch?v=yaoenhNfq60

신카이 마코토 (민경욱 옮김) <스즈메의 문단속> (대원씨아이, 2023 년)

目 次

第 **1** 部

1

奥奈津子 （오쿠 나츠코）

現職：在ニューヨーク日本国総領事館領事 /
　　　広報センター次長

●好きな韓国語「시작이 반이다」

「始めさえすれば半分まで到達したも同然」という意味。思い切っ
て一歩踏み出してみようとするときに背中を押してくれる言葉。
あれこれ思い悩むよりも、まずは行動を起こしてみよう。

●韓国語の学習方法

【中級のころにやっていたこと】

・小説を読んで心に響くフレーズをノートに書きだすこと。当時の
お気に入りは、キム・ヨンハ著『엘레베이터에 낀 그 남자는 어
떻게 되었나』。ストーリーの続きが気になり、辞書を引くのも苦
にならず夢中になって読み進めた。読み終えたとき、韓国語セカ
イがぐっと深まった手ごたえがあった。

・日記添削。あくまで本心を赤裸々に自分の言葉で語ることが大事。
自分の言葉で書いたものを添削してもらってこそ、自然なアウト
プットにつながった。

【今つづけていること】

・現在はニューヨーク在住のため、インプットに注力。コリアンア
メリカンの歴史、社会、アート等、ニューヨークにいるからこそ
出会える韓国に関する知識や人脈を広げる努力を続けている。こ
のインプットが韓国語を専門とする外交官としての深みを増して
くれると信じて。

キーワード

外交官　　　　添削　　　　通訳

日韓関係　　　ニューヨーク

ここがポイント

・外交官はどうやって韓国語を勉強した？

・外交の現場ってどんなセカイ？

・いざというときに助けてもらえる友人づくり

外交と韓国語

奥奈津子 （在 NY 日本国総領事館）

外交官の韓国語習得法
～最大の課題は中級からの脱出～

まずは2年間の在外研修へ

　ニューヨーク（NY）の喧騒のなかで、ふと落ち着く場所があるとすれば、それはマンハッタン32丁目のコリアンタウンである。ハングルで書かれた看板、キムチ、焼肉、いろんなものが混ざったなんともいえない懐かしい匂い、行き交う人々の韓国語。それらが一気に私を韓国に引き戻す。おそらくこれは韓国で外交官生活を送った者ならではの感覚であろう。

　そんな私は、大学時代から韓国語を勉強していたが、本格的に身につけたのは、外務省に入ってからである。外務省に入ると、在外研修といって、2年間、割り当てられた言語を習得するために留学しなければならない。目指す語学力について明確なゴールが設定されているわけではないが、2年間の研修を終えて、大使館や総領事館での実務が始まったときに通訳ができるようになっている必要がある。私には韓国語が割り当てられ、ソウルで在外研修を受けることになった。

　外交官という職業柄、国際関係を専攻として学ぶことに決め、先輩の薦めもあり、韓国の外交官を多く輩出するソウル大学外交学科（当時）の修士課程に入学した。しかし、課題として読まなければならない文献のほとんどが英語。また、授業での発表や討論、レポー

ト作成などはすべて韓国語でおこなうものの、語彙や表現はどうしても社会科学系のものに偏ってしまう。このままでは「生きた韓国語」が身につかないのでは？という危機感を覚えた。もちろん国際関係の勉強も重要だが、それに加え、韓国の歴史や文化を学んで韓国人の考え方や気持ちを深く理解することこそが、韓国語を専門とする外交官の使命であるという原点に立ち返ったとき、このままではまずいという思いが日に日に増していったのである。

メンターとの出会い

そこで、大学院の授業を受けるかたわら、「生きた韓国語」を身につけるために工夫する必要があった。そのようななかでも、当時の私の中級レベルの韓国語を上級に引き上げるうえで重要な契機となったのが、宣善オンニとの出会いである。

オンニは、私が大学時代に高麗大学に語学留学した際、3カ月間滞在した下宿で出会った人物である。当時は仏文科修士課程に在籍しており、光州出身のため大学近くのその下宿で生活していた。ランボーの研究に打ち込んでおり、フランス語も堪能だったが、なにより彼女の話す韓国語は知的で美しかった。日本に帰国してからも文通していたが、外務省に入る頃には連絡が途絶えており、在外研修中にぜひ再会したかった。しかし連絡先はわからない。そんななか、大学院での勉強に疲れ、山ほどある課題を前に途方に暮れるなか、息抜きも兼ねて懐かしい高麗大時代の下宿付近を散策していたところ、路上で偶然、オンニと再会したのである。オンニは結婚後もその街に住んでいた。再会を喜ぶのも束の間、オンニによる特訓が始まった。外交官ならもっと美しい韓国語を話しなさい！と喝を入れられ、大学院の授業後にオンニの家に通う日々が始まった。

オンニから毎日課せられたのが、韓国語で日記を書くこと。単なる事実の羅列ではなく、何をどう感じたか、できるだけ心の動きを描写する必要があった。もちろんAI翻訳もない時代。足りない語彙は、辞書を引いて補い、試行錯誤で文章を組み立てた。本心をさらけ出すのが恥ずかしく、適当につくろった内容で書くとすぐに見破

られた。オンニは「自分の気持ちを書かないと、自分の言葉にならないよ」と言った。たしかに、日記に正直に書いた自分の気持ちは、人との実際の会話で語る機会も多かった。そしてその際、オンニに添削してもらった洗練された韓国語で表現できるのである。本心でない内容をいくら丁寧に添削してもらっても、それをアウトプットする機会は訪れない。

　中級レベルになると、漢字語を駆使すれば、多少不自然であっても、意図する内容をなんとか相手に伝えられるようにはなっている。しかし、どこかぎこちなく、話す本人も聞く相手もモヤモヤが残る。そこから上級に引き上げるには、その不自然さを整えるプロセスが必要になる。私の場合、オンニとの再会から研修終了までの約1年半、毎日日記を書き、それを根気よく添削してもらって不自然な韓国語を整える作業を続けたことが、一皮むけるために不可欠なプロセスであったと思う。

　オンニは、日記添削のみならず、韓国文学と出会うきっかけも与えてくれた。李箱文学賞受賞作品を一緒に読み、感想を述べあったりもした。ありきたりの感想しか言えない私と違い、仏文学にも通じていて、機知に富んだ彼女のコメントはいつも刺激的だった。また、それまで韓国の文学作品を読んだことのなかった私にとって、新たな語彙や表現で展開されるストーリーや登場人物の心の動きは新鮮で、韓国語セカイのコンテクストを理解するうえで大いに役立った。いつのまにか言葉の壁を越え、作品を直に味わい感動できるようになると、人間として成長できた気もした。このような韓国文学の読書は、日記添削とも相まって、私の中途半端な韓国語を上級へと誘ってくれた。

　以下は日記添削の一例である。日記なので日常的な話題が多いが、「整えられる」プロセスを感じてもらえると思う。

◎日記添削の例 ....

日本語（自分が表現しようとした気持ち）

　またいつもの生活が始まった。波乱万丈な旅行だったが、ソウルで

はない別の場所に行くことでしっかり気分転換することができた。

元の文章

　다시 보통생활이 시작되었다. 파란만장한 여행이었지만 서울이 아닌 다른 데에 가는 것으로 기분전환을 잘 할 수 있었다.

添削後

　다시 평상으로 돌아왔다. 파란만장한 여행이었지만 서울이 아닌 다른 곳에 가는 것만으로도 충분히 기분전환이 되었다.

日本語（自分が表現しようとした気持ち）

　今日もその人が一方的にまくしたてるので、私は疲れてしまい、ただじっと黙っているしかなかったが、別にそれでもよかった。妙な沈黙に気を遣う必要もなく、ある意味せいせいした。

元の文章

　오늘도 그 사람만 많이 이야기를 했으니까 피곤한 나는 그냥 가만히 있었지만 별로 상관 없었다. 침묵 때문에 신경을 쓸 필요도 없었고 어떻게 보면 편했다.

添削後

　오늘도 그 사람이 이야기의 주도권을 시종일관 잡고 있어서 피곤해진 나는 평소대로 가만히 있었지만 별로 상관하지도 않았다. 침묵 때문에 생긴 어색한 분위기에 전혀 신경을 쓸 필요도 없었기에 어떻게 보면 편했다.

さらに負荷をかけ成長するためのチャレンジ

　大学院やオンニによる特訓のほかにも、在外研修中にはさまざまなことにチャレンジした。言葉は実際に「経験」しないと覚えられない。たとえば、「みじん切り（다지다）」や「千切り（채썰다）」は、教科書で出てくるだけではまったく頭に入らないが、実際に料理学

校に通ってみじん切りや千切りをしながら使うとすぐに覚えられた。「針を打つ（침을 맞다）」も、バスに乗ろうとして転んで足を挫き、針治療を受けたからこそ覚えられた。のちに仕事で通訳をするときにも、話者たちがゴルフの会話で盛り上がると、いちどでもいいからゴルフをしておけばよかったと後悔したものである。残念ながら在外研修中にゴルフを経験することはなかったが、とにかく韓国語セカイで経験できることはなんでも貪欲にチャレンジしようと考えた。

　たとえば、礼智院という「韓国女性の殿堂」とされる歴史あるマナースクールにも通ってみることにした。韓国語の同期で女性は私のみ。私にしかできない貴重な経験になるだろうと思った。礼智院では、韓国の伝統的な礼儀作法を学ぶことができるが、いわゆる当時の韓国女性にとっては花嫁修業学校のような位置づけで、お見合いの際にも礼智院出身だと箔がつくとされていた。ウェディングドレスの選び方といったクラスもあった。外国人向けのクラスではなく、韓国人向けのクラスにあえて飛び込むことで、韓国人女性の結婚観や家族観、ジェンダー意識についても知ることができた。

　KBSアナウンススクールの門も叩いた。当時、毎朝KBSラジオを聴くのが日課となっていたが、そのときに出会った「推し」がアナウンサーのファン・ジョンミン氏である。明るく快活で心地よい彼女の韓国語は、まさに私が目指す憧れの韓国語であった。彼女のラジオ番組を何度も聴いては真似してみたり、彼女の使う表現を書き留めて実際に自分の言葉のように使ってみたりもした。その彼女の話し方にどうやったらもっと近づけるか、考えた末に思いついたのが、KBSアナウンススクールであった。アナウンサーを目指す大学生向けの講座だったが、外交官として美しい韓国語を学びたいと直談判したところ、「おもしろい！」と、特別にカメラテストなしで入学が許された。朗読のクラスでは「長音」について学び、韓国人の学生たちと長音を意識した朗読練習を必死に繰り返した。ニュースやインタビュー、お天気コーナーや現場レポートなど、いずれもプロのアナウンサーから直接の指導を受ける本格的なもので、ノンネイティブの私には場違いにも思えたが、とにかく見よう見まねでチャレンジしたことで、言葉はもちろん度胸も身についたと思う。し

かし実際にアナウンサーになるための競争はすさまじい。授業の合間は髪型や服装、美容整形がホットな話題となっていたことも興味深かった。

このように試行錯誤を繰り返しながら過ごした２年間であったが、この時点ではたして通訳ができるレベルに達していただろうか。ロシア語通訳者でエッセイストの米原万里は、「小説が楽しめるぐらいの語学力」を目安として挙げている[1]。当時の私は、韓国文学を少なくとも辞書を引きながら楽しめる領域には達していた。日記添削も繰り返し、大学院ではなんとか修士論文のプロポーザル発表も終え、アナウンススクールでニュース原稿をカメラ前でいちども噛まずに読むこともできた。２年前よりも確実に実力は伸びたという手ごたえはあった。しかしこれは現場の厳しさを知らないうちの甘い認識にすぎなかった。外交実務の現場では別の次元の難しさが待ち受けていたが、現場ならではのやりがいもあった。

外交実務の韓国語　〜現場の厳しさを実感〜

■ いきなり通訳の現場へ!?

在外研修が終了し、いよいよソウルの日本大使館での仕事が始まった。駆け出しの外交官は、さまざまな業務に従事するが、なかでも重要なのが通訳である。私にも着任後１週間ほどで、大使と大物国会議員との会談の通訳の仕事が入った。いま考えると、もう少し助走期間があってもよかったのではないかと思うが、入省前に学習歴もあったせいか、早めに回ってきたのかもしれない。しかし実際には背景知識もほとんどなく、通訳のお作法も先輩からなんとなく聞いただけ。会談が始まると、大使の言葉はおろか、相手の言葉も

---

[1] 米原万里氏は、『米原万里の「愛の法則」』（集英社、2007年）で、「文学小説が楽しめるぐらいの語学力があれば通訳はできます。その外国語と日本語と、この両方で小説が楽しめるようになれたら、通訳になることはかなり簡単だと思います」と述べている。

まったく頭に入らず、完全にフリーズしてしまった。結局、同席した韓国語の大先輩である上司がすべてを訳し、会談自体に支障はなかったが、駆け出し外交官にとっては痛いデビュー戦となった。

　これにより「まだ使えない」烙印を押された私は、約半年間、大使の通訳からは干されることになった。しかしここで腐っていても改善はない。場数を踏んで学ぶことの重要性も感じていた。そこで手を差し伸べてくれたのが当時の上司の政務公使であった。ほぼ毎日アレンジしていた国会議員とのランチで私を通訳として使ってくれた。「君がうまくできなければ英語で話すから」と言われ、とにかく実践してみた。帰りの車中で、「今日は日本語で何を言っているのかまったくわからなかった」、「会食の往復通訳でも、上手い通訳はちゃんと食べるよ。食事に手をつけないと相手も気を遣うからなんとか工夫して食べなさい」など、もっともなダメ出しを受けながら、自分のパフォーマンスを反省し、次につなげる努力を続けた。

　このときに痛感したのは、上手い通訳になるには、日本語も上手くなる必要があるということである。在外研修のあいだはとにかく韓国語セカイにどっぷり浸かることばかりに意識が向き、日本語を意図的に遠ざけていた。しかし、通訳するには日本語もきちんと話せなければならない。実際に美しい日本語で流暢に訳せると、日本側の話者から信頼を得られる手ごたえも感じていた。そこで、日本の小説やエッセイ、雑誌などをたくさん読み、日本語にも意識を向けるようにした。また、通訳をするうえでは、言葉のみならず、内容についての理解も大事である。政治家の通訳をする際には、その動向をネットで入念にチェックし、新聞の政治欄も丹念に読み込み、話題のイシューをしっかり頭に入れるようにした。そうすることで、話の展開を予想しやすくなり、よい通訳パフォーマンスにつながった。経験したことのないゴルフやサッカー、軍隊といった韓国では定番の話題にもついていけるよう、ネットや書籍で調べ、できる限り話者の脳や気持ちに近づく努力を重ねた。また、2年目に配属された経済部では、経済関連のあらゆる通訳を担当したが、たとえば、漁業交渉では魚名や漁法、ITER（国際熱核融合実験炉）誘致交渉では、熱核融合の仕組みについて勉強する必要があった。そんななか

でも、事前に勉強のしようがない会食の通訳は常に恐怖であった。相手がどんな話題を突然し始めるか予想できず、そのときまでの人生経験や知識を総動員させて理解し、訳さねばならない。それはとても緊張する瞬間であったが、日頃の努力が報われて完璧な訳出しができたときには一瞬にして快感に変わるという不思議な瞬間でもあった。

　通訳業務を通じて、瞬発力や現場対応能力も身につけることができた。通訳は黒子であり、存在するかわからない通訳ほどよい通訳とされるが、目立たない分、扱いが後回しになることもある。たとえば、日本の議員5人と韓国の議員5人の意見交換の通訳をひとりで担当したことがあったが、10人分の言葉を最初から最初まで話し続けるのは通訳であるにもかかわらず、通訳用の椅子も水も用意されていないことがあった。しかし現場では淡々と業務を遂行しなければならない。使えそうな椅子が目に入ればそれを自ら引きずってきて使い、常にペットボトルの水を持参するようにした。

　高度な韓国語を駆使できるからこそのやりがい、必要とされるからこそのやりがいは通訳の醍醐味である。その後、本省（東京の外務本省）で通訳担当官に指名され、さまざまな通訳の経験を経て、総理通訳の機会が回ってきたときも、極度の緊張状態やストレスを乗り越える原動力となるのは、そのようなやりがいであった。また、特に若手の頃に通訳の現場で目の当たりにした要人同士のやりとりや上司の交渉術は、のちに外交官としての社交や会食などの場面でもいかされている。自分自身が話者となることが多くなった今、通訳の経験は、外交官として成長するうえでも必要なプロセスだったと実感している。

通訳のほかにも仕事はたくさん

　外交官の仕事は、通訳だけではない。日々の訓令執行や各種交渉、会議などの場面で、韓国語を使って説明し、議論しなければならない。情報収集の場面では、相手の韓国語を正確に聞きとって理解する必要がある。大使館のローカルスタッフ（現地採用の韓国人職員）

とのコミュニケーションも韓国語である。このように、通訳以外の場面では、自らが主体となって韓国語を使って仕事を動かしていくというおもしろさがある。韓国外務省のカウンターパート（自分と対等な立場にある相手側の担当者）たちとの日々のやりとりも、英語ではなく、相手の第一言語である韓国語でおこなうことで、確実に距離は縮まり、深いレベルでの意思疎通や信頼構築が可能になる。

　また、韓国メディアの報道ぶりや有識者の講演などを韓国語で把握、理解し、内容をまとめて本省に報告する仕事もある。その際には自然な日本語で翻訳、要約して報告することになるが、そこで似て非なる韓国語の壁にぶつかることになる。大使館の政治部に着任した直後には、先輩たちがまとめた「間違えやすい日本語翻訳表現」集を参考にしていた。そのほんの一部だが、以下紹介する。

元の韓国語	誤訳例	正訳例
주한미군	駐韓米軍	在韓米軍
국제기구	国際機構	国際機関
대량살상무기	大量殺傷兵器	大量破壊兵器
회원국	会員国	加盟国
지자체	地自体	地方自治体
차질	蹉跌	（文脈により）支障、滞り
대선	大選	大統領選挙
민심	民心	民意
정치권	政治圏	政界
집권이후	執権以後	政権発足以来
인사	人士	人物、関係者
회동	会同	会合、会談
동참	同参	参加、同席
강도높은	強度の高い	（文脈により）強い、厳しい
빠른 시일내에	早い時期内に	早期に
지체없이	遅滞なく	直ちに
적극 추진하다	積極推進する	積極的に推進する

コリアンスクール外交官としての醍醐味

外務省で韓国語を専門とする外交官の集団は「コリアンスクール」と呼ばれている。コリアンスクールであれば、韓国で在外研修を受け、韓国の大使館や総領事館で勤務し、帰国後も朝鮮半島に関する業務にたずさわるケースが多い。私もコリアンスクールとして、帰国後もさまざまな課に配属されたが、どの部署においても、韓国語や韓国に関する知識を活用する機会に恵まれた。

たとえば、内閣官房拉致問題対策本部事務局では、被害者家族の担当として、ご家族との日々のやりとりや、日韓家族対面時の通訳、米国大統領面会のための訪米アレンジ・同行などの業務をおこなったが、ご家族からは、被害者が暮らす朝鮮半島の文化や歴史、生活習慣などについて聞かれることが多かった。言葉を学ぶということは、その国の歴史や文化、社会、人々の考え方について学ぶことでもある。韓国の歴史を学ぶことは、北朝鮮の歴史を学ぶこととも不可欠につながっている。言葉の専門家であると同時に、その地域の専門家として果たす役割や責任の重さについて考えさせられる機会となった。

また、国際報道官室では、在京の韓国メディアの記者たちと交流する機会が多かった。インタビューや会食アレンジ、日頃の照会なども、韓国語を使ってスムーズにおこなうことができた。その後、北東アジア課で日韓関係を担当した際にも、在京韓国大使館のカウンターパートたちと韓国語でやりとりをすることが多かった。こちらが韓国語を使うことによって、英語では到達できない深いレベルでの意思疎通や信頼構築が可能となる。それは韓国語を深く学び、韓国を知る自分だからこそできることであり、いい仕事につながるたびに、韓国語ができてよかったと思う。そのようなやりがいこそが、コリアンスクールとしての醍醐味ではないだろうか。そしてそれは、日本や韓国のみならず、第三国、すなわちNYにおける日韓交流の現場でも大いに実感している。

NYでも韓国語

NYにいるからこそ出会える韓国

　NYへの赴任が決まったとき、もちろんNYでの日米交流が第一の業務であるとはいえ、NYでどんな韓国と出会えるか、コリアンスクールとしては大いに気になるところであった。

　そこでまず足を運んだのが、マンハッタンのコリアンタウン。ハングルの看板が目に飛び込んできた瞬間、懐かしい場所に帰ってきたような安堵感があった。初めて住む街でも、コリアンタウンが近くにあればなんとかなりそうな気がした。

　韓国人のみならず、在留邦人たちも韓国系スーパー「H Mart」を愛用していることもわかってきた頃、日経新聞の瀬能繁米州編集総局長（当時）から、『Crying in H Mart』（Zauner 2021）を読むよう薦められた[2]。著者のミシェル・ザウナーは、母親が韓国人、父親が米国人のミックス。それでいて、自身のアーティスト名はJapanese Breakfastというなんともユニークな人物である。母親を癌で亡くしたミシェルが、母と自分を唯一つなぐ韓国料理を作ろうと「H Mart」に行くが、そこで母のことを想って泣いてしまう。彼女が幼少期に母親と過ごしたソウルの人や街の描写は、まさに私が在外研修でソウルにいた頃の情景そのもので、ストーリーに一気に引き込まれた。移民社会のアメリカにおいて、母親の母国の文化が自分のアイデンティティに与える影響という視点は、他人事ではない。オバマ元大統領も推薦するという同書は、ニューヨークタイムズで長期間にわたりベストセラーになっていた。

　また、NY韓国文化院のドキュメンタリー映画の上映イベントで、Nam June Paikというアーティストの存在を知った。韓国生まれだ

---

[2]　瀬能総局長による書評は以下のとおり。瀬能繁（2022）「韓国人の母との葛藤を独創的に「世界の話題書」ニューヨーク発」日本経済新聞デジタル版、2022年4月30日 https://www.nikkei.com/article/DGXZQOUD240W40U2A220C2000000/

が、東京大学で美術史を専攻し、その後ドイツで音楽を学んだあと、NYに拠点を移して活躍した前衛アートの巨匠である。恥ずかしながら、韓国にいたときに知る機会はなかったが、NYにゆかりのあるアーティストとして、NYで初めて彼や彼の作品について知ることができた。

これまであまり意識することのなかったコリアンアメリカンの生き方、移民の歴史についても関心を持つようになった。NYの在留邦人は約4万人であるのに対し、韓国人は約40万人を超えるとされる。NYにいると日本人よりも韓国人と出くわす確率のほうが断然高い。韓国文化院でおこなわれたコリアン・ディアスポラに関する展示は、韓国人の国際的な移動・越境の歴史や現状について学ぶ機会となった。

このように、二国間で向き合うだけでは見えなかった韓国を知ることは、コリアンスクールとして視野を広げるチャンスでもある。

▎NYで育む日韓の友情

2024年現在、在NYの日韓の両総領事館は、緊密に交流している。総領事同士の懇談はもちろん、ジャパン・パレード（2022年から始まったNYの日系コミュニティ最大の祭典）や、メッツ・ジャパニーズ・ヘリテージナイト（MLBニューヨーク・メッツのシティ・フィールド球場でおこなわれる日本の歴史や文化を称える祭典）には、金義桓総領事を招待した。韓国文化院の青磁展に森美樹夫総領事が招待され、金総領事のはからいで、韓国の人間国宝の名匠から直々に高麗青磁に関する説明を受ける機会もあった。コロンビア大学でおこなわれた日韓学生ダイアログには、日韓の総領事が揃って参加し、未来志向の日韓関係に向けて、日韓の学生たちを激励した[3]。

総領事間の交流のみならず、領事同士でも日系、韓国系コミュニティについて意見交換をすることもある。それぞれの移民の歴史は異なるが、長年のアメリカ生活のなかで共有する課題も多い。たとえば、現在どちらのコミュニティも高齢化が進んでおり、福祉のケ

---

[3] コロンビア大学での日韓学生対話については、韓国聯合ニュースなどで報じられた。
https://www.yna.co.kr/view/AKR20230914006500072

アなどの課題に直面している。また、アジアンヘイトクライムの問題に共に取り組むうえでも、米国で共にAAPI（Asian American Pacific Islander）コミュニティに属する日韓の協力は重要である。また、韓国総領事の発案で、日韓女性領事交流をおこなったこともある。出産や子育て、介護といったライフイベントと外交官としてのキャリアをどう両立させるか、NYでの子育て事情など、議論は大いに盛り上がった。

　このような日韓交流の機会をアレンジするためのやりとりや、意見交換そのものも、私が参加する場合は基本的に韓国語でおこない、必要に応じて通訳もする。韓国語を介さない関係者がひとりでも入ると共通言語は英語になるが、それでも韓国側からすると、韓国語を人並み以上に解する日本の外交官がいることは心強いようだ。NYにおける日韓当局間の友情は確実に深まっている。第三国でも日韓関係を強固にしておくことが、日韓関係そのものの発展にも寄与すると信じ、そのようなコリアンスクールとしての役割をNYでも果たしていきたい。

■ 英語学習との両立？

　私の場合は、韓国で在外研修を受けたため、英語はほぼ自力で学ばざるをえなかった。英語圏での留学は、大学時代のLAでの１カ月と、在外研修中のワシントンDCでの１カ月のみで、ほぼ「ない」に等しい。ただ、本省での業務では英語が必要になることも多く、自分なりに学習は続けていた。しかし、TOEICのスコアが900を超えても思うように話せず、韓国語を操るときのようにはいかなかった。そこで悟ったのは、自分が韓国語を習得するうえで経てきたプロセスを英語については経ていない以上、語彙も表現もコンテクストの理解も、韓国語に比べると圧倒的に足りないのは仕方がないという事実であった。既述のとおり、韓国語については、読み、書き、リスニング、スピーキング、コンテクストの理解のすべてを総合的に鍛えるための２年間を過ごしたわけだが、英語について同じ訓練は受けていない。しかし業務上英語は必要である。そこで、そ

の時々の業務での必要性に応じて、注力する部分を調整するようにした。すなわち、北朝鮮の核・ミサイルの分析業務をおこなっていたときには、英語の文献を読んだり、専門家と英語で意見交換することが多かったが、英語そのものよりも、専門知識の勉強を優先にした。内容についての理解が深まっていると、既存の英語の知識を駆使して説明すること自体はあまり苦にならず、相手の話している内容もよく理解できた。通訳といった高度な作業は期待されないため、内容面で勝負することにしたわけだが、結果として、英語力自体も底上げされたと思う。

　NYでの業務においても、とにかく今何が大事なのかという内容面での軸をしっかり捉えたうえで、英語を話したり書いたりするようにしている。世界のメディア、文化の中心NYだけあり、アート、音楽、スポーツ、教育、メディアあらゆる分野の業務がひっきりなしに飛び込んでくる。NYの歴史や社会、文化について学び、人々の関心について把握し、日本のプレゼンスをこの地でどのように高められるかについて考えなければならない。生きた英語に触れ、ネイティブスピーカーの場面ごとの表現の違いなどを汲みとりながら、自分でも使ってみる作業を繰り返している。

　また、これまでの経験上、複数言語を同時に学習するのはあまり効率的でないと感じている。したがって、英語に集中しなければならないときは英語、韓国語のときは韓国語、と分けるようにしている。それでもはじめのうちは二つの言語が混ざってしまうこともあるが、それぞれのセカイが脳のなかで確立されてくると、不思議とある地点からは混ざらなくなり、切り替えもうまくできるようになる。現在仕事で主に使う外国語は英語であり、今は英語に集中するときだと感じているため、韓国語を伸ばすための学習は意識的におこなっていない。読書もNYで出会う英語の作品の読書を優先している。したがって、韓国語については、いわばこれまでの「貯金」を切り崩している状態ともいえよう。しかし、むしろコリアンアメリカンの移民の歴史をはじめ、ここにいるからこそ出会える韓国、韓国人に関する知識やつながりは増えていく。ある程度の語学のレベルに達すれば、知識、経験面での蓄積、人とのつながりを増やして

いくことも大事であると思う。NYでの韓国、韓国人との出会いは、高度な韓国語が使えるからこそその出会いでもある。将来再び韓国で勤務する機会があれば、そのときにまた韓国語そのものとじっくり向き合うことになるだろう。しかしおそらくそれは、在外研修時とは異なり、私自身もより進化したかたちでの経験になるはずである。

外交官の仕事とは

韓国語を専門とする外交官の役割

　本稿では、韓国語を専門言語として割り当てられた外交官がどのように韓国語を習得し、実際の実務の現場で使っているかについて、個人的な経験を元に語ってきたが、ではなぜ外交官として韓国語を勉強する必要があるのか、韓国語を話す外交官の役割とは何なのかについて、入省後20年を経た私なりの考えを最後に示しておきたい。

　私が初めて、外交官の役割を強く認識したのは、ソウルの大使館時代の上司であり、コリアンスクールの大先輩でもある山本栄二経済公使（前駐ブルネイ大使）の言葉がきっかけであった。「我々の仕事は、いざというときに助けてもらえる韓国の友人をたくさん作ることだよ」というシンプルなメッセージは、当時の私の、外交官の仕事に関するぼんやりとしていたイメージに、はっきりとした輪郭を与えてくれた。実際、公使が韓国外務省の幹部たちと韓国語で語り合いながら友情を深める現場に同席しながら、自らが主体となって韓国語を使い、関係を作っていくという能動的な作業のおもしろさを知ることができた。そしてそれは、私がその後も外交官を続けていくなかで常に心がける大事な言葉となった。世界中の在外公館に派遣された外務省の同僚たちは、それぞれの任地で日々、日本の友人を増やす活動をおこなっている。韓国の友人をたくさん作ることこそ、韓国語を専門とする外交官の役割である。高度な韓国語能力は、その役割を果たすために必要な武器である。

いざというときに助けてもらえる友人を作るには？

　しかし「友人を作る」と言うは易し、実際には、レセプションで名刺交換しただけの相手は「友人」とは言えないだろう。ましてや電話一本かけて助けを求められる間柄でも到底ない。日本が困ったときに「助けて」と連絡できる友達を増やすためにはどうすればいいのだろうか。

　その答えについては今もなお模索中だが、少なくとも、韓国語に限らず、外国語ができることは大前提として、「また会いたい」「力になりたい」と思ってもらえるように、自分自身も常に魅力的な人間になるために努力する必要があると思う。国と国との関係も最後は人と人との関係であり、その最前線に我々はいる。また、日本についての知識はもちろん、相手の国の歴史や文化について学び、何事にも興味を持ち、尊重する姿勢を示してこそ、相手もこちらに振り向いてくれると思う。

　北東アジア課時代の上司でありコリアンスクールの大先輩、故森本康敬地域調整官（前駐ソロモン大使）は、日韓の溝を埋めるために何ができるか？との問いに、「いちど相手の立場に立ってじっくり考えてみること。基本的なことだが案外やらない人が多い」と答えていた。どんなに国の立場が異なっていても、いちどでいいので、相手の立場に立って考えてみると、自分の立場に立ち返ったときに、多少の気持ちの落ち着きが得られるものだ。どうしても譲れないものは譲るべきではないが、それでも、相手の歴史や文化を知る努力、そしてそれを尊重することを怠ってはならない。そのようにしてこそ、こちらの立場に対する相手の理解も得られやすくなり、関係を深めることにもつながると思う。

　NYにいる外交官の仕事は、NYの友人をたくさん作ることである。しかしそのなかにはもちろんNYにいる韓国の友人も含まれる。NYにいるコリアンスクールだからこそできることを実践し、ここでもたくさんの韓国の友人を作っていきたい。韓国語との出会いに感謝しながら。

※当該見解は個人の見解であり、所属組織の見解を示すものではない。

2

成川彩 (나리카와 아야)
現職：東国大学日本学研究所 研究員

●好きな韓国語「삶」

「삶」というハングル一文字に、人生、暮らし、生命の意味が含まれている。「살다」（生きる）に接尾辞「〜ㅁ」を付けて名詞化した言葉だが、「사람」（人）や「사랑」（愛）とも似た発音なのは偶然ではなさそうだ。

●韓国語の学習方法

【中級のころにやっていたこと】

・字幕なしで韓国映画を繰り返し見る。2000年代初め、日本語字幕のある韓国映画がまだ少なかったという事情もあったが、繰り返し見るとフレーズとして頭に残りやすい。

【今つづけていること】

・韓国の本をオリジナルと日本語版と比較して読む。どう訳しているのかという勉強になる。たとえば韓国特有の「전세」を発音通り「チョンセ」と訳して注釈を付けたり、あるいは「保証金」という近い言葉に訳したり。本は字幕と違って注釈がつけられるので、日本語でどう説明するのかの参考にもなる。

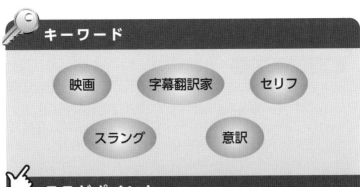

映画　　字幕翻訳家　　セリフ

スラング　　意訳

ここがポイント

・短い字幕で、文化の違いをおぎなう工夫を

・セリフの訳し方によって、見る人の印象も変わる

・どうすれば字幕翻訳家になれる？

映画字幕翻訳から考える
日本語と韓国語のセカイ

成川彩（東国大学日本学研究所）

▍ セリフと字幕が違ってる！

　ポン・ジュノ監督の『パラサイト 半地下の家族』（2019）が米アカデミー賞で作品賞を含む４冠を達成し、日本でもヒットしているその最中、新型コロナウイルス感染症が広まり始め、映画館へ足を運ぶ人が激減した。一方で、Netflix をはじめオンライン配信で韓国映画を見る人が日本でも増えた。劇場観客数もある程度回復し、コロナ以前よりもずっと多くの人が、日本語字幕付きで韓国映画を見ているのではなかろうか。

　外国映画輸入配給協会によると、2023 年に日本で劇場公開された外国映画は計531 本、このうち韓国映画は70 本で、アメリカ（152 本）に次いで２位だった。韓国とフランスの合作映画も１本劇場公開された。韓国映画は過去 10 年間、常に３位以内に入っている。自主上映や映画祭で上映される作品、劇場公開を経ずオンラインで配信される作品などを入れればさらに多い。

　映画やドラマ、K-POP など韓国文化への関心がきっかけで韓国語を学ぶ人も増えているが、少し韓国語ができるようになって日本語字幕付きで韓国映画を見ると、セリフと字幕の違いが目につくだろう。たとえば「오빠」は「お兄さん」を意味するが、家族でない年上の男性に使うこともしばしばある。そういう場合は、その人の名前に変えて訳されることが多い。女性主人公が恋人を「오빠」と呼び、その恋人の名前がヨンホだったとすると、字幕は「ヨンホさん」となることが多い。その人の性格や２人の関係性によって、見る人が自然に感じるように訳される。これは「오빠」に限らず、韓

国では家族の呼称を家族以外の身近な人に使うという習慣によるものだ。

　私自身は字幕翻訳に関しては韓国映像資料院の出している名作ブルーレイの日本語字幕監修を担当しており、そのほかにも個人的に頼まれた場合など、これまで十数本の韓国映画の字幕監修を務めてきた。プロの字幕翻訳家に比べると圧倒的に少ないが、私の場合は本業が「映画ライター」で、韓国映画はこれまで千本以上見てきた。日本語字幕なしで見た作品も多いが、特に監修を担当するようになって、参考にしようと注意深く日本語字幕を見るようになった。

　私自身が監修をしながら悩んだ字幕翻訳の例をはじめ、セリフと字幕翻訳の違いから見えてくる日本語と韓国語のセカイ、そして字幕では表現しきれないセカイをのぞいてみようと思う。さらに字幕翻訳家を目指す人にも役立つよう、プロの字幕翻訳家にもインタビューし、経験談を聞いてみた。

人の呼び方、どう訳す？

韓国語には呼称がいっぱい

　家族以外に家族の呼称を使う場合、どう訳すかはケースバイケースだ。パク・チャヌク監督の『別れる決心』(2022) では主人公の刑事を後輩刑事が「형」と呼んでいたが、字幕は「先輩」となっていた。ヒョンは男性が兄を呼ぶとき、または親しい年上の男性を呼ぶときに使われる。「兄貴」と訳されることもあるが、警察内の先輩後輩であれば「先輩」とするのが自然だろう。ただ、「先輩」と訳すことで、２人が親しい間柄という情報は落ちてしまう。家族以外に使う家族の呼称を訳す際のジレンマはここにある。

　呼称を日本語に訳す際、「〇〇さん」と変えることが多い。日本語の「さん」に当たる韓国語は「씨」と教わるが、実際は「さん」はほぼ誰に対しても使えるのに対し、「씨」は目上の人に使うと失礼に

なるので注意が必要である。私が勤めていた新聞社では新入社員のときから社長も部長もデスクもみんな「〇〇さん」と呼んでいた。一般的にも、総理大臣であれ、数十年下の後輩であれ、「〇〇さん」と呼んでおかしくない。

　一方、韓国では肩書を付け、さらにその後ろに「님」(様) を付けて呼ぶ場合が多い。少なくとも上司を「〇〇씨」と呼ぶのはありえない。このため、「〇〇部長님」という呼称を字幕翻訳では「〇〇さん」に直すこともしばしばある。

　韓国の人たちは肩書に関してとても敏感だと感じることが多いが、ホン・サンス監督の映画『それから』(2017) では、「社長」と「代表」どっちで呼ぶかについての会話があった。妻に浮気を疑われる男性が経営する出版社に、新たに女性社員が入ってくる。出勤初日、妻が訪ねてきて、その新入社員を浮気相手と勘違いして騒ぎ立てる。

　そんな騒ぎが起こる前の場面。社長が新入社員に対して「社長でいいよ」と言い、新入社員は「社長？ まあ そんな呼び方は…」「それより代表と呼びましょうか？」と返す。この会話から、互いに社長よりも代表のほうが尊敬の度合いが上と捉えていることがわかる。実際、韓国では「社長」という呼称は誰にでも使う。たとえば食堂で注文するとき、客が店員に「社長님」と声をかけたりする。なかには本当に社長の場合もあるだろうが、社長でなくても社長と言われて気を悪くする店員はいないだろうということだろう。

　この『それから』でのやりとりを見て以降、とりあえず社長と思われる相手には「代表님」と呼ぶようにしている。私も最近韓国で会社を立ち上げたが、急に周りから「代表님」と呼ばれるようになった。韓国ではその人にいくつかの肩書がある場合、いちばん「上」とみられる肩書で呼ぶことが多い。どう呼ぶか、どう呼ばれるかは韓国では非常に重要だが、日本語に訳すときにはこの人は日本でならどう呼ばれるかという想像力を働かせる必要がある。

もっとも悩んだ字幕翻訳

　私が字幕翻訳を監修したなかで、もっとも悩んだのは、やはり呼

称だった。カン・デジン監督の『荷馬車』（1961）に出てくる「수원댁」（水原宅）という呼称で、主人公の馬夫が好意を寄せる女性がみんなからそう呼ばれる。

『荷馬車』はベルリン国際映画祭銀熊賞を受賞した、韓国映画史において重要な作品である。妻に先立たれた馬夫が貧しいながらも4人の子どもを育て上げるが、4人それぞれが問題を抱えている。馬夫は次々に起こる問題に頭を抱えるなか、いつも親切な隣家の家政婦「水原宅」に心惹かれる。

　翻訳は「水原宅」で来た。水原というのは地名で、このヒロインは水原から来た人である。とはいえ、日本語字幕で急に「水原宅」と出てきたら、名前なのかあだ名なのか、何かわからず見る人は戸惑うのではなかろうか？小説であれば注釈を付けることもできるが、映画字幕にはほとんど注釈を付けない。付けても一時停止でもしない限り読む時間的余裕がない。

　この女性の名前がわかっていれば、「〇〇さん」と訳したと思うが、映画のなかでは名前が出てこない。そこで私が映像資料院の担当者に提案したのは「スウォンさん」という訳だった。耳にも「スウォン」と聞こえるし、スウォンという名前は実際韓国に存在する。正しい訳ではなくても、見る人にすんなり入ってくると考えた。担当者の了解を得て、字幕は「スウォンさん」になった。

　ところで、「〇〇宅」と、地名に宅を付けた呼称を私は『荷馬車』の字幕翻訳監修をするまであまり聞いたことがなく、1961年の作品なので、昔はそう呼んでいたんだなという程度に思っていた。ところが、その後、パク・チワン監督の『ひかり探して』（2020）でも、登場人物のひとりが「순천댁」（順天宅）と呼ばれていて、時代背景が現代だったので今も使う呼称なのだと知った。

　パク・チワン監督にインタビューする機会があったので、直接聞いてみた。なぜ名前でなく「順天宅」と呼ぶのか、と。映画のメイン舞台は、とある島。「順天宅」と呼ばれる女性はこの島出身だが、順天に嫁に行って離婚して島に戻ってきたという設定だという。監督は「島の人たちにとって、この女性は順天へ嫁に行って戻ってきたという情報が重要で、名前よりも順天宅と呼ぶほうがわかりやす

い」と話していた。

　「〇〇宅」という呼称は女性に対して使われる。女性に関しては名前よりもどこから来たかが重要な情報だった、ということだろう。女性の名前が尊重されるようになってきて、ソウルではあまり使われなくなったが、地方では今もなお使われているという。

一人称が多様な日本語

　監修をしていてよく悩む訳のひとつは、私を意味する「나」、「저」をどう訳すかだ。これは字幕に限らず小説でも同じだろう。韓国語の一人称は「나」か「저」で、「나」は友達や後輩などタメ口で話せる相手に自分のことを言うとき、「저」は敬語を使うような目上の人に対して自分のことを下げて言うときに使う。日本語に訳すのに悩むのは特に話者が男性のとき、「僕」「俺」「私」「わし」など、話者のキャラクターや話す相手によって、どう訳すか。それによって見る人の印象が変わる。

　カン・テウン監督の人形劇映画『フンブとノルブ』（1967）を例に見てみよう。『フンブとノルブ』は韓国の誰もが知る昔話で、フンブとノルブは兄弟だが性格がまったく正反対。弟のフンブは心優しい控えめな性格で、ノルブは傲慢で欲深い。ノルブがフンブに自分のことを話すときには「わし」、フンブがノルブに自分のことを話すときには「私」と訳した。「わし」か「俺」か、「私」か「僕」か、迷ったが、映像を見ながら、しっくりくると感じるほうを選んだ。私の役割は翻訳ではなく監修なので、映像と合わせて見ながら自然に感じるように直していく。フンブには子どもがたくさんいるが、翻訳はすべて一人称が「私」となっていた。映像を見ながら、男の子は「僕」に直していった。

　このような作業を経て、普段あまり意識したことはなかったが、日本語の特に男性の一人称が多様なことに気づく。そして字幕監修の参考にしようと、身近な男性たちの一人称の使い方を観察するようになった。夫の場合は誰に対しても「僕」をよく使い、兄の場合、私や妻に対しては「俺」、私の夫に対しては「僕」をよく使う。相手

との関係性によって無意識的に変えているのである。

　監修の際は、文字テキストとして元の韓国語のセリフと翻訳された日本語訳が来るが、韓国語のセリフだけ見ても、話者が女性か男性かわからないことが多い。ところが、日本語に訳すときには話者が女性か男性かでかなり違ってくる。私が監修を担当するときには韓国語ネイティブが翻訳している場合が多いが、男女の訳し分けが不十分だと感じることが多い。

　イ・マニ監督の『帰らざる海兵』（1963）は、朝鮮戦争当時、北進して激戦を繰り広げた韓国の海兵隊員たちを描いた映画で、ほとんどの登場人物が男性。そのなかに戦場で助けられた女の子がひとり紛れ込んでいる。たとえば女の子の「보지마」というセリフは、兵士だったら「見るな」と訳すところ、女の子なので「見ちゃだめ！」とした。「그럼 왜 안 왔어?」という女の子のセリフは「ならなぜ帰ってこないの？」としたが、兵士なら「だったらなんで帰ってこないんだ？」となるだろう。

韓国映画の日本語字幕から見えるセカイ

日本語の字幕は「文末省略」「体言止め」

　字幕翻訳がほかの翻訳と少し違う点は、映画を見ながら目で追える長さの字幕にするため、実際のセリフよりも短くなることが多いということ。具体的には「1秒4文字」というルールがある。このため、小説などの翻訳に比べて意訳が多く、ときにはセリフとかなり違う字幕になることもある。それでいて、映画の流れを邪魔しないような工夫が必要になる。

　文末を省略することが多く、パク・チャンス監督の『追われし者の挽歌』（1990）を例に見れば、「광산서 일한 적 있어요？（鉱山で働いたことありますか？）」が「炭鉱で働いたことは？」となったり、「그 새로 온 사람 성이 뭐래？（その新しく来た人、名字は何

て?）」が「新入りの名字は?」となったりする。『追われし者の挽歌』の主人公は、当局に追われて炭鉱町に逃げ込んだ学生運動家だった。

省略の方法として体言止めも多用される。ユン・ジョンチャン監督の『鳥肌〜ソルム〜』（2001）では「나이는 몇살이래?（歳は何歳って?）」を「何歳?」と訳し、「여기서 담배 피게?（ここでタバコ吸うつもり?）」を「ここでタバコ?」と訳した。『鳥肌』は30年前に殺人事件が起きたマンションで繰り返す奇怪な出来事を描いたホラー映画だった。

これらは字幕短縮の効果もあるが、日本語は実際の会話でも最後まで言わずに省略することが多く、より自然な表現となる効果もある。

字幕短縮の工夫について、もう少し見てみよう。『別れる決心』では前述の先輩刑事が後輩刑事に「니가 할머니 손에 컸다고 해서 맡긴 일이니까 잘 좀 해 봐」（お前がおばあちゃんに育てられたって聞いて任せた仕事なんだから、ちょっとうまくやってみろ）と言ったセリフを「おばあちゃんっ子だからお前に任せるんだ」と訳していた。「おばあちゃんっ子」という単語をうまく活用している。また、死亡者の情報について刑事が「예순살 기도수 씨 소지품마다 이니셜 새긴다」（60歳、キ・ドスさん　所持品ごとにイニシャルを刻む）と言ったセリフは、「キ・ドスさん 60歳 所持品にはイニシャル」と、体言止めになっていた。

『犯罪都市』——スラングの発達した韓国

韓国は日本に比べてスラングが発達していて、特に映画、それも犯罪映画によく出てくるが、日本語にはそもそもスラングが少ない。多様なスラングをどう日本語で表現するのかというのも悩ましい。

もっともよく出てくる「개새끼」は「개」は犬、「새끼」は子を意味するので、子犬ということだが、「새끼」には「野郎」という意味もあり、「犬野郎」というのが直訳になる。とはいえ、日本ではあまり「犬野郎」とは言わないので、「くそ野郎」「クソッタレ」などと訳される。

カン・ユンソン監督の『犯罪都市』（2017）を見ていると刑事も犯罪者もセリフの端々に「이 새끼」と言っているが、これは字幕ではほとんど省略されていた。「この野郎」「こいつ」と訳すこともできるが、訳さなくても意味は伝わる場合が多い。

　「씨발」（シバル）も頻出のスラングだが、英語の「fuck」のニュアンスに近く、これも「クソ」「チクショウ」などと訳されたり、省略されることも多い。たとえば『犯罪都市』では「씨발 존나 머네」（シバル、クソ遠いな）というセリフが「クソ長い旅だったな」と訳されていた。

　スラングには分類されないかもしれないが、韓国では「死ぬ」「殺す」という言葉を日本に比べると気軽に使う。『犯罪都市』の主人公の刑事が被疑者に対し「똑바로 이야기 안 하면 진짜로 죽어」（ちゃんと話さないと本当に死ぬぞ）と言ったセリフは、字幕では「言わないとおしまいだぞ」になっていた。

　普段から食事の前後に「お腹すいて死にそう」「お腹いっぱいで死にそう」というふうに簡単に「死にそう」と言い、ふざけたことを言った相手に「殺す」などと冗談で返すことも多いが、それらは日本語字幕ではたいてい和らげた表現となる。

　方言や訛りをどう訳すか、という問題もある。『犯罪都市』には中国出身の朝鮮族の独特の訛りが出てきたが、日本語字幕ではそのまま標準語と区別なく訳されていた。残念ながら、字幕ではその違いが日本の観客になかなか伝わらない。

『パラサイト』──字幕翻訳の参考例

　日本でもっともヒットした韓国映画といえば、『パラサイト』である。『パラサイト』の英語字幕の素晴らしさが世界的に話題になったが、日本語字幕もやはり、ベテランの根本理恵さんが担当した。根本さんはどのように訳しているのだろう？

　まず、半地下の家族の長男ギウが家庭教師として金持ち家族の邸宅で「お試し授業」をしているときのセリフ。試験に挑む姿勢を説きながら「그 흐름을, 그 리듬을 놓치면 완전 꽝이야」（その流れ

を、そのリズムを逃したら完全にアウトだ）と言ったのは、字幕では「流れとリズムが肝心」とコンパクトに表現された。

　運転手食堂で半地下の一家が食事をする場面では、いっぱい食べろと子どもたちに言う父に、母は「네가 왜 생색을 내냐? 밥은 애들이 사는데」（あんたがなんで恩着せがましく言うの？　ご飯は子どもたちがおごるのに）と言っていたが、字幕は「おごらないのに恩着せがましい」と訳していた。短くなっても、意味は十分伝わる。

　半地下の家族の長女ギジョンは言葉遣いがぞんざいだ。たとえば、どうやって金持ち家族の奥様に気に入られたのかを聞く兄のギウに「몰라 씨발」（知らない シバル）とスラングが飛び出したが、これは「知るかよ」と訳された。「シバル」を訳出しなくても、ぞんざいさが伝わる。

　一方、母も乱暴な言い方で、ギジョンのことを「사기를 쳤어도 대성할 년인데，저년이」（詐欺を働いても成功する女だよ、あの女）と言っていた。だが、これは「この子は詐欺師でも成功しそうだ」と訳され、娘を「あの女」と言う酷さは表現されなかった。わざと和らげたのだろう。

　また、韓国では「검증된」（検証された）という言い方をよくするが、直訳すると違和感があり、どう訳すか悩む言葉だった。金持ち家族の奥様が家政婦を解雇するにあたって、「검증된 방법이에요. 이게 제일 좋더라고」（検証された方法です。これがいちばんいいんです）と言ったセリフは「経験上いちばんいい方法よ」と訳され、まさにそういう意味だと思った。字幕翻訳の仕事をする者としては、本当に勉強になる。

日本映画の韓国語字幕から見えるセカイ

『万引き家族』――声なきセリフの字幕

　アニメーションをのぞいて韓国でもっとも人気の日本の映画監督といえば、是枝裕和監督だろう。ソン・ガンホ主演の韓国映画『ベイビー・ブローカー』（2022）の演出でも注目を浴びた。カンヌ国際映画祭でパルムドール（最高賞）を受賞した『万引き家族』（2018）は、韓国では『어느 가족』（ある家族）というタイトルで公開された。

　この映画に登場する家族は、ふたを開けてみれば、血縁関係がない人たちの集まりだった。ここでは便宜上、一重引用符（‘’）付きで家族の呼称を使う。

　‘父’は‘息子’に万引きを教えて、一緒に万引きをしながら生活費の一部を稼いできたが、‘息子’はだんだんそれが「悪いこと」だと気づき始める。そうして‘母’に聞く。亡くなった‘祖母’の年金を死亡届を出さずに受けとり続けるのを「悪くない」と言う‘母’に「じゃあ、万引きは？」と。これは字幕では「그럼 물건 훔치는건?」（じゃあ 物を盗むのは？）と訳されていた。

　日本映画の韓国語字幕を見ていて気づくのだが、セリフよりも字幕が長くなる場合が多々ある。親から虐待を受ける女の子を家に連れてきたときの‘家族’の会話のなかで「傷だらけ」というセリフがあった。女の子が傷だらけだったのだ。その字幕は「온몸이 상처투성이야（全身傷だらけだ）」となっていた。ほかにも省略や体言止めの多い日本語を補うような韓国語字幕が多くみられた。字幕を短縮したいのは日本映画の韓国語字幕も同様だが、長くなってでも補うのは、そのほうが韓国語としては自然に感じられるから、あるいは補足しなければわかりづらいからだろう。

　『万引き家族』の韓国語字幕で気になった２カ所は、いずれも声としては聞こえないが字幕として示されたものだった。ひとつは海で

はしゃぐ‘家族’を眺めながら、‘祖母’がなにやら言っていて、字幕は「‘고마웠어’」となっていた。一重引用符を付けたのはほかのセリフと区別して「声は聞こえないけれども」という意味だと思うが、実は私は韓国語字幕を見るまで何と言っているのか知らなかった。字幕を見て初めて、‘祖母’を演じた樹木希林の口の動きが「ありがとうございました」と言っていることに気づいた。

同様に、いちども‘父’を「お父さん」と呼ばなかった‘息子’が‘父’と別れ、バスに乗って見えなくなっていく‘父’を見ながら言ったセリフで、これも声は聞こえないが字幕は「‘아빠’」となっていた。口の動きよりも文脈上「お父さん」であることは推測できたが、はっきり字幕で示されるのと、聞きとれないがたぶんそう言ってるんだろうと思うのではかなり印象が違う。

そして『万引き家族』でおもしろいと思った字幕のひとつは、数え歌だった。お風呂のなかで‘母’が‘娘’に歌ってあげる「ゴリラの息子、菜っ葉、葉っぱ、腐った豆腐」というのが、「오징어 육개장 칠면조 팔보채 구구단 십자가（イカ、ユッケジャン、七面鳥、八宝菜、九九、十字架）」と訳されていた。これはそれぞれ単語の意味は違うが、発音が5〜10の数字で始まるもので、韓国の数え歌なのだ。私はこの字幕によって初めて韓国の数え歌を知った。

『嫌われ松子の一生』──字幕の限界

中島哲也監督の『嫌われ松子の一生』（2006）も韓国で劇場公開され、好評を得た作品のひとつ。韓国版創作ミュージカルとして上演されたこともある。映画の冒頭で松子が死んだことが明かされ、甥の笙が松子の関係者に会いながら松子の一生をたどっていくというストーリーである。笙は松子のことを「松子さん」と言ったり「おばさん」と言ったりしていたが、字幕はいずれも「고모」となっていた。「고모」は父方のおばを指す。日本ではおじやおばの名前に「さん」や「ちゃん」を付けて呼ぶこともあるが、韓国ではおじやおばを「〇〇씨」とはまず呼ばない。私も甥や姪に「彩ちゃん」と呼ばれているが、韓国でそう話すとたいていは驚かれる。

また、松子が刑務所で一緒だった親友は「飲み足りねえな」「何だと？」などと言葉遣いが男っぽいが、これは韓国語字幕になると伝わらない。久々に再会した松子に「俺だよ」と言うが、字幕は「나야, 나」となっていて、「私」と言おうが「俺」と言おうが韓国語訳は同じである。

　寂しがり屋の松子だからか、「ただいま」「お帰り」という言葉が何度も登場するが、これも韓国語には特にあいさつ言葉として決まった言葉がなく、松子の気持ちは字幕ではなかなか伝わりにくい。たとえば久しぶりに実家に帰った松子の独白「ただいま」の字幕は「나 왔어」（私、来た）となっていた。刑務所を出所した松子が、同居していた男性のもとへ帰りながら歌うフレーズには「お帰りって言って」とあったが、これも韓国語になるとそのニュアンスはわかりづらかった。

　歌詞の翻訳はセリフとはまた次元の違う難しさがあり、映画全体がミュージカル調で歌が随所に出てくる『嫌われ松子の一生』の字幕翻訳はかなり難易度の高いものだったと思う。

　ひとことで言えば松子は「不器用」だった。松子の一生を知った笙も「最後までとことん不器用で…」と言っていた。この「不器用」という言葉も訳すのが難しい言葉だが、字幕は「마지막까지 무엇 하나 똑똑하지 못했고…」（最後まで何ひとつ賢くできず…）となっていた。

字幕翻訳の経験談

崔樹連さんインタビュー

　「字幕翻訳家になるにはどうしたらいいですか？」という質問を受けることがあるが、私自身、字幕翻訳家とはいえず、基本的には翻訳でなく監修をおこなっている。日本生まれで日本語ネイティブの字幕翻訳家、崔樹連さんに聞いてみた。

崔さんは2007年から字幕翻訳の仕事をおこなってきた。2021年からは吹き替えの仕事（映像をもとに吹き替え台本を作る仕事）もしていて、映画は『オペレーション・クロマイト』（2016）や『パパとムスメの7日間』（2017）、ドラマは『女神降臨』（2020年）、『100日の郎君様』（2018）など合わせて200タイトル以上の映像作品を手がけてきた。ドラマの場合、たとえば16話のドラマを2人で8話ずつ担当するということも多い。ほかにもウェブトゥーン（韓国発のウェブコミック）などの翻訳もおこなっている。

　では、どうやって字幕翻訳家になったのか？　崔さんは民族学校で韓国語を学び、韓国の大学の日本語学部に通った経験もある。日韓両言語を使う家庭で育ち、母語は日本語だが、韓国語もネイティブレベルである。字幕翻訳家を目指すようになってからは、映像翻訳スクールでスキルを学んだ。「スクールで学ぶのはあくまでスキルであって、韓国語ができるのが前提。特に映像翻訳は身につけなければならないルールが多く、それを学ぶだけでも1年がかりだった」と振り返る。

　字幕は「1秒4文字」というルールがあり、特典映像やインタビューなど台本がない場合は、韓国語を聞きとって、セリフの長さによって字幕は何文字かを区切る作業が必要になる。当時は字幕作成ソフトが約40万円もして、高い投資をして始めたものの最初は翻訳料が安く、元が取れるのか心配だったという。

　字幕翻訳の仕事はほとんどがフリーランスで、「必ず次の仕事が来るという保証がないので、気持ち的には安定しない」と話す。このため、依頼があればできるだけ断らずに受けて、体を壊すほど働いた時期もあった。今は少し余裕を持って受けるようにしているという。

　特に難しかった作品はドラマ『浪漫ドクター キム・サブ1・2』（2016、2020）で、医療の専門用語が多かったためだという。「メスなどの医療用語が何度も出てくるので用語リストを作って翻訳作業に当たった」。司法ドラマや時代劇も同様に普段使わない言葉が頻繁に出てくるので、それだけ労力がかかる分、経験を重ねるほどに専門分野としてアピールできるようになってきた。

　崔さんは「日本語が母語でありながら、韓国語も韓国の文化も韓

47

国生まれの韓国人並みに理解しているというのが私の売り」と言い切る。これから字幕翻訳家を目指す人に向けては「私の強みはこれ、とアピールできるものが大事。準備ができていなければチャンスもつかめないので、常に努力する姿勢を大切にしてほしい」と話していた。

▌朴秀眞さんインタビュー

韓国生まれ、韓国語ネイティブの朴秀眞さんにも話を聞いてみた。韓国映画の日本語字幕翻訳を手がけている。きっかけは知人の紹介だった。難しいのは、やはり字数制限だという。「文化が違い、背景についての知識も必要ななかで、実際のセリフより短くしつつすんなり理解できるように訳すにはどうすればいいか悩むことが多い」と話す。

たとえば『殺人魔』(1965) で出てきた「네 육촌 동생 혜숙／お前の又従妹のヘスク」は、単に「ヘスク」と訳した。ヘスクは名前。韓国では日本よりも親戚の呼称が細かく分かれていて、それをいちいち言う傾向があるが、日本では又従妹くらい離れていたら「親戚の誰々」というふうにざっくり言うことが多い。文脈上、省略できると判断して「ヘスク」としたという。

朴さんは本の翻訳も経験しているが、「字幕翻訳は話者の表情など映像から伝わる情報とセリフを合わせて考えないといけない点が本の翻訳との違い」と話していた。たとえば「좋아」というセリフも、話者がどんなふうに話しているのかで訳が変わってくる。カン・テウン監督の人形劇映画『コンジとパッチ』(1978) では、姉のコンジが妹のパッチに托鉢をしている僧侶にさつまいもを分けるよう言う。それに対してパッチが本当にいいと思って言っているようなら「いいね」と訳すが、映像を見るとふてくされながら渋々言っていたので「わかったよ」と訳したという。『コンジとパッチ』も韓国の昔話で、意地悪な継母と連れ子のパッチが主人公のコンジをいじめ抜く。『シンデレラ』とストーリーがそっくりで驚いたが、世界各国で似通った昔話があるらしい。

朴さんは韓国語ネイティブなので、日本語へどう訳せば自然なセリフになるか、SNSやブログなど一般の人たちが実際に使っている言葉を参考にすることもあるという。「最終的に字幕が付いた映像を見ると、私の訳したセリフを登場人物たちが話しているように感じられてうれしくなる」と、やりがいを語った。

私の経験から

　私自身は字幕翻訳そのものよりも監修をすることが多く、主に監修を担当している韓国映像資料院の名作ブルーレイの日本語字幕の場合、日本語字幕を見る対象として研究者などを想定しており、特に字数制限はなく、できるだけ元の韓国語のセリフに近い翻訳が求められるという特殊性がある。

　私は大学生のときに２年間韓国に留学し、ある程度韓国語ができる状態で大阪外国語大学（卒業時は大阪大学）大学院で通訳翻訳を学んだ。ただ、学部の専攻が法学だったのもあり、メインは司法通訳で、裁判所や警察などで通訳翻訳を実際に経験しながら、大学院で学んだ。その後、その道のプロにはならず、2008年に朝日新聞に入社し、記者として韓国語でインタビューすることはあっても、通訳翻訳をする機会は個人的に頼まれる場合をのぞいてほとんどなくなった。

　2017年に朝日新聞を退社し、韓国を拠点に活動するようになって再び通訳翻訳の仕事をする機会が増えた。ソウルの東国大学大学院で韓国映画について学び、韓国映画に関する取材活動を続けるうちに築かれたネットワークを通して来る依頼が大半である。監督や俳優の舞台あいさつ、インタビューなどを通訳したり、シナリオを翻訳したり。そういう仕事をしているうちに字幕翻訳や字幕翻訳監修を依頼されることも増えてきた。インタビューした監督に直接頼まれたこともあれば、字幕翻訳家から監修を頼まれたこともある。ただ、「どうしたら通訳翻訳者になれるの？」という疑問は、私自身が日本の大学院で通訳翻訳を学びながら悩んだことで、いまだに日本では大学や大学院で学んでも通訳翻訳の仕事に就くのは難しいの

では、という点は指摘したい。私が日本の大学院で学んだのは十数年前だが、当時も韓国では韓国外国語大学や梨花女子大学をはじめ、通訳翻訳を専門的に学ぶ課程があり、卒業すればそれなりに通訳翻訳の仕事に就けるシステムができていた。現在も、日本語ネイティブでプロの通訳翻訳者を目指す人のなかには韓国の通翻訳大学院に通う人が多いという。それはそれでとても意味のあることだが、日本の大学や大学院でも通訳翻訳を専門的に学ぶ機会がもっとあってもよいのでは、と思う。

「私」だけの強みをつくる

　韓国で計8年以上暮らし、日常的に韓国語を使っているが、字幕翻訳監修に携わるようになって、改めて韓国語はもちろん、母語の日本語についても多くの発見があった。特に男性の一人称が多様な日本、男女で話し方が違う日本、というのは韓国語との比較によってはっきり見えてきた。

　どこまでローカライズするか、という問題は『パラサイト』の「息子」という字幕を通して考えさせられた。金持ち家族も半地下の家族も親が息子を「아들」(息子)と呼ぶのは、私なら「ダソン」「ギウ」と名前に変えて訳したと思うが、字幕はそのまま「息子」となっていた。日本では親が息子や娘を「息子」「娘」と呼ぶことはまずないと思うが、そのまま訳すことで韓国ではそう呼ぶんだと知る機会が与えられる。何でもローカライズすればいいというわけでもないのかもしれない。翻訳者はできるだけ自然に感じられる訳を目指しがちだが、「視聴者側はどちらかと言えばオリジナル音声を重視」(篠原 2018) しているということにも今後は配慮したい。

　私自身の経験から、語学力を養うにはとにかくたくさんその言語に触れることが重要で、名作映画の字幕はベテランが手がけている可能性が高く、教材としてお勧めしたい。ただ、通訳翻訳は母語の語学力を鍛えることも大事で、私の場合は十数年前に通訳翻訳で食べていくことをいちどあきらめ、新聞記者になり、結果的に日本語が磨かれたのだった。また、韓国映画という専門分野を持ったこと

も、自分の強みとなった。もはや簡単な通訳翻訳はAIに任せればいい時代となり、ベテラン字幕翻訳家の崔樹連さんも言うように、ただ韓国語と日本語ができるというのでなく、「私の強みはこれ」というアピールポイントを作っていくことが、特にこれからは重要だという点は改めて強調したい。

　一方、私は2020年からKBS WORLD Radioの「玄海灘に立つ虹」という日本語番組で韓国の映画や本の紹介も担当している。小説やエッセイ、自伝など様々な本を紹介するために読んでいるのが、私の韓国語能力、特に語彙力と表現力を鍛えるのに役立っている。『中央日報』など韓国の新聞にコラムや記事を書く機会も多く、読書によって常に語学力のブラッシュアップの努力を重ねている。ネットで検索すれば意味が簡単にわかる時代になっても、その言葉が自分の血肉となって自由に操れるようになるには、読書が重要なのは不変である。最近は日本語版が出ている場合も多く、原書と読み比べるのも効果的だと思う。私も紹介のために日韓両言語で読むことがよくある。なにより「楽しい」に勝るものはないと思っている。映画、ドラマ、本など、大いに楽しみながら、語学力を磨いていってほしい。

📖 参考文献

篠原有子（2018）『映画字幕の翻訳学──日本映画と英語字幕』晃洋書房

外国映画輸入配給協会ウェブサイト
　https://www.gaihai.jp/

3

大貫智子 (오누키 도모코)

現職：中央日報東京特派員 (중앙일보 도쿄특파원)

● 好きな韓国語「잘 될 거예요」(うまくいきますよ)

新しいことを始めようとしたり、悩み事に直面したりすると、韓国の友人はみんな、「잘 될거예요」と激励してくれる。根拠なき楽観論というイメージもある「괜찮아요」(大丈夫です) と比べると、本当にうまくいく気がして、不思議なちからを持った温かみのある言葉だと思う。

● 韓国語の学習方法

【中級のころにやっていたこと】

・正直なところ、今も中級から脱したと言える自信はないものの…
スマホの基本言語設定を韓国語にし、日本にいても自然に一日中ハングルが目に入る環境を作った。目が文字に慣れる効果はある気がする。

【今つづけていること】

・韓国人の友人が送ってきたKakaoTalkのメッセージで、ネイティブならではと思った表現は、コピペして自分のKakaoTalkに保存しておく。似たような状況が訪れたとき、覚えていて自分が使えるとうれしい。

・移動中にアプリで聯合ニューステレビを聴いている。現地とまったく時差なくニュースチェックができ、韓国語を忘れないためのルーティンワークも兼ねられる。

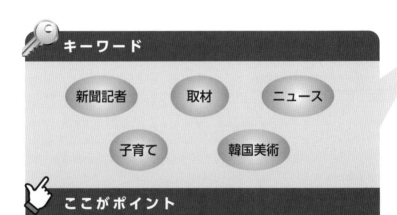

キーワード

新聞記者　　取材　　ニュース

子育て　　韓国美術

ここがポイント

・留学なしで韓国の特派員に！

・記者として、韓国語の学び方や気をつけること

・報道から、ママ友や美術のセカイへのひろがり

言語のプロでない記者が
外国語を身につける楽しさ

大貫智子 (韓国紙・中央日報)

　韓国語を学ぶうち、いずれ韓国語を生かした仕事をしたいと考える学習者は多いだろう。特に近年は、書店の外国語書籍コーナーで英語の次にテキストがずらっと並ぶほど韓国語は人気がある。語学力を生かした仕事として、報道機関の特派員を思い描く人もいるのではないだろうか。

　海外支局に駐在する記者というと、任地の言葉を熟知しているイメージがあるかもしれない。結論から言うと、YESでもありNOでもある。学齢期に親の海外赴任にともなって言葉を身につけたネイティブ並みの記者もいれば、私のように35歳で初めて韓国語を勉強し、1年半後に赴任したというケースもある。

　本稿では、韓国語についてまったくの素人だった私が、日々韓国語に接しながら仕事や生活をするなかで直面した難しさや、見いだした楽しみについて記していきたい。

超初歩から1年半でソウルへ…！

　前職である毎日新聞のソウル支局は日本人記者2人、韓国人スタッフ1人の計3人という体制である。歴代の特派員は、学生時代にソウルに留学経験のある人のほか、社命留学として1年間現地で学んだうえで赴任する人がほとんどで、同業他社も同様である。留学経験のない私がソウル支局で勤務することになるとは、想像したこともなかった。

　2011年、政治部記者として日韓関係や北朝鮮の核問題などの取材をしていた経験があったためか、ひょんなことから「韓国語を勉

強してみないか」と声がかかった。それまで東京や出張先のソウル、北京で取材すると、韓国語が聞こえてきたり、ハングルを目にしたりしていた。あとで振り返ってみれば、漠然とした興味は持っていたように思う。朝鮮半島との関係を日本側からだけでなく、朝鮮半島の現場からウォッチできたら視野が広がるだろう。そう考えて、韓国語の勉強に取り組むことを決めた。この年の秋、国際報道を担当する外信部へ異動となった。

　最初に書店で手にしたのは『韓国語学習スタートブック　超入門編』（安 2007）だった。通勤時間に電車内で「괜찮아요（大丈夫です）」「이거 얼마예요？（これ、いくらですか）」といった初歩的な表現を小さな声で口ずさむ。並行してNHKのラジオ講座で現在形、過去形、未来形といった基本的な文法を学んだ。

　ソウル支局への赴任を念頭に置くと、独学では限界があると考え、外務省の韓国語専門職で本書の共著者でもある奥奈津子氏に韓国語講師の紹介を依頼した。奥氏は、かつて共に通訳を学んだ仲間だという、日本滞在歴20数年のベテラン講師を紹介してくれた。

　早速、講師に連絡を入れ、事情を説明した。1年半後の赴任を目標としたプログラムは、以下のような流れで進んだ。

・間違ってもいいので、できるだけ講師とのメールのやりとりは韓国語で書く。2時間の授業中、日本語は使わない。テキストは『가나다 KOREAN For Japanese』（カナタ韓国語学院 1997）の初級から始める。
・受講開始から5カ月ほど過ぎた時点で、KBSニュースの聞きとり練習を開始。音声ファイルが宿題としてメールで送付され、書きとれた部分と聞きとれなかった箇所を授業でチェックする。

　仕事をしながらのため、通えるときは1週間に2回、難しいときは2週間に1回といったペースでマンツーマン授業を受けた。ニュースに頻出する単語を覚えるため、朝鮮日報、中央日報、聯合ニュースなどの韓国メディア報道に目を通すよう努めた。韓国紙の東京特派員に友人を作り、できるだけ韓国語でコミュニケーションを図

ることもしてみた。

　こうして少しずつ韓国語に慣れてくると、韓国ドラマで聞きとれる言葉が増えていった。俳優のチソンが主人公のドラマ『태양을 삼켜라（太陽を飲み込め）』（SBS制作、2009年放映）に夢中になり、動画配信サービスで同じ場面を何度も繰り返して見る楽しみを覚えた。1回目は内容に集中するため日本語字幕をつけたままで見る。2回目は字幕を手で隠し、聞きとれた部分をノートに書きこむ。わからない単語は字幕と発音から予想し、辞書を引いてノートに記す。数カ月後に同じドラマを見てみると、聞きとれる部分が増えていることを実感できた。

　学習開始から1年を機に、韓国語能力試験（TOPIK）に挑戦した。留学経験のない私にとって、何らかの客観的な指標が必要だと考えたからだ。講師の特訓の成果もあり、目標だった4級に合格した。TOPIKは1・2級が初級、3・4級が中級、5・6級が上級で、最上級の6級まで取得して赴任するのがベストだろう。それでも、初歩から1年間の学習ということを考えると自信を持っていいという講師の言葉に鼓舞され、これならなんとか赴任できるのではないかと安堵した。

■ 生きた韓国語を丸おぼえ

　2013年4月、ソウル支局に赴任した。ソウル到着翌日、支局長からカナタ韓国語学院に行ってレベルテストを受けるよう指示された。私がテストを受けているあいだ、支局長は語学院側に「いちばん厳しい講師をつけてください」と要請していたという。早く言葉に慣れて仕事に支障がないように、という上司としての配慮ともいえた。

　最初の2カ月間は、仕事をしながら語学院に多いときで週4回通った。ただ、当然のことながら仕事が主であり、人脈も作らなければならない。深夜に帰宅してから語学院の宿題のテキストを開きながら寝てしまうことがしばしばあった。次第に語学院は足が遠のき、代わりに支局の韓国人スタッフや友人の韓国人記者、取材先といっ

た「生きた韓国語」を丸おぼえするようになっていった。

　取材をするうえでハードルが高かったのは、面識のない相手への電話取材だった。身振り手振りでやりとりすることができず、聞きとりにも自信がなかったためだ。緊張も相まって、前置きが長くなってしまいがちだった。たとえばこんな具合である。

　「毎日新聞の大貫と申します。突然お電話して申し訳ありません。朝鮮日報の記者から紹介を受けてお電話差し上げました。今お時間大丈夫でしょうか？少しお話を伺いたいと思っているのですが、私はまだ赴任したばかりで韓国語が十分ではなく、申し訳ありません…」

　あるとき、取材相手から、「で、何が聞きたいのですか？」と単刀直入に返されたことがあった。やはり韓国語でのコミュニケーション能力はまだまだなのだと落ち込んだ。聞きとり能力不足に加え、こうした焦りもあって、事前に用意した質問への答えを受けて追加質問をする「更問い」ができない状態だった。

　自然なやりとりができるようにするにはどうすればよいか。ならば、韓国人記者はどのように質問しているのかを参考にしてみようと、韓国外務省など日本人記者が出席しやすい記者会見に足を運んでみた。

　「거기에 대한 정부 입장은 뭔지 궁금합니다（これに対する政府の立場はどのようなものか知りたいです、気になります）」

　韓国人記者の質問で耳に残ったのは「궁금합니다」という表現だった。日本語に直訳するとやや違和感がある。日本政府の記者会見であれば、「～に関する大臣のご見解をお願いいたします」などと問うのが一般的だ。

　会食の予約をする際も同様の経験をした。私は「あの、ちょっとお伺いしたいのですが、もしかして本日、３人で空席はありますでしょうか？」と電話をかけていた。どうも不自然な気がする。あるとき、私の左隣に座る韓国人スタッフがどのように電話をかけているか、耳を澄ましてみると、まずこう切り出していた。

　「한 가지 여쭤 볼게요（ひとつお伺いします）」

　記者会見の例もお店の予約の例も、「すみませんが…」などとへり

くだる日本語に慣れている私の感覚では、ややぶしつけな印象を与える気がしてしまう。30代半ばになって新たな言葉を学んだ私は、まず母語である日本語で考えたうえで頭のなかで韓国語に変換する作業をしてしまいがちだった。

だが、それはあくまで文法上通じるというだけで、生きた韓国語ではない。韓国語らしい表現を身につけようと、韓国人が使う表現をそっくり真似てみようと努力した。「こんな言い方をしては失礼ではないか」「いやこれが韓国語というものだ」という迷いが交錯する日々だった。

原告のバンザイで知った判決内容

冷や汗の連続だった最初の数カ月のなかで、もっとも苦い思い出は2013年7月10日にあった元徴用工判決である。2012年、韓国最高裁（大法院）は1965年の日韓請求権協定で徴用工問題は未解決との初判断を下しており、この日、その差し戻し審がソウル高裁で開かれた。

判決は日本企業に対する初の賠償命令だった。その後、2018年に最高裁が確定判決を出し、日韓間の大きな政治問題となったのは周知のとおりである。

この日は初の差し戻し審判決とあって、特に日本では大きな注目を集めた。主文は以下のような内容だった。

「제1심 판결 중 아래에서 지급을 명하는 금원에 해당하는 원고들 패소부분을 각 취소한다. 피고는 원고들에게 각 100,000,000원 및〜（中略）금원을 지급하라（第1審判決のうち、以下で支払いを命じる金に該当する原告らの敗訴部分をそれぞれ取り消す。被告は原告たちにそれぞれ1億ウォン及び〜（中略）を支払え）」

私はひとことも聞きとれず、主文の読み上げがあったことすらわからなかった。傍聴席を埋め尽くした原告や支援者が歓喜する様子を見て、原告は勝訴し、日本企業は敗訴したのだとようやく理解した。韓国語学習を始めて2年足らずの記者に聞きとれというのが無

理な話ではある。とはいえ、特派員としてこなさなければならない仕事の厳しさに呆然とした。

　外国語を身につけるにあたり、ネイティブ並みの耳を持つのは10歳頃までだと聞いたことがある。耳とは、聞きとり能力と、それに基づく滑らかな発音である。後述するように、私は当時4歳の長男を連れて赴任していた。韓国語をひとことも知らずに現地の幼稚園に通った長男だったが、のちに「네（はい）」のひとことでネイティブ並みの発音だと韓国の友人に褒められていた。

　成人してから外国語を学んだ私は、長男のように聞きとることも発音することもできない。一方で、文字を理解する能力は子どもより高い。特に韓国語の場合は漢字語が半分以上を占めるうえ、ニュースで登場する言葉は漢字語が多い。

　このため私にとって、記事を書くうえで大きな助けとなったのは文字テキストだった。法廷での言葉はインタビューや記者会見などと比べてより用語が専門的であるうえ、裁判官の読み上げのスピードは速い。それでも判決文のテキストがあれば、のちに辞書を引きながらなんとか内容を把握することはできる。

　ソウル高裁の差し戻し審の日、私は幸い判決文を手に入れることができた。全28ページにわたる判決文のうち、ポイントとなる5ページほどを読み込んで約3時間で送稿した。このときの経験があったため、20日後にあった7月30日の釜山高裁での判決は法廷でおおむね理解できた。ほぼ同じ文章の判決文だったため、聞き取りの予習をしていたようなものだったためだ。

　このように、日々の取材活動でも、韓国紙や『聯合ニュース』の文字テキストで必要な言葉を頭に入れつつ、取材相手に会ってネイティブの発音を聞きとることを並行していくようになった。

「すべて聞きとるのは不可能」先輩の助言

　このように、赴任1年目は韓国語に自信が持てない状態で毎日を過ごした。常に不安がつきまとう筆者の大きな支えとなったのは、同業の先輩諸氏のアドバイスだった。

毎日新聞ソウル支局で当時支局長を務めていた澤田克己記者から
は、「全部聞きとろうとすることは不可能だ。自信を持って聞きとれ
た範囲で記事を書けばそれで十分」という話があった。澤田記者は
学生時代に韓国に留学し、当時すでに韓国語学習歴20年以上のベ
テランだった。その澤田記者をもってしても、韓国ドラマや映画な
どを100%聞きとることはできないという。ただ、新聞記者の仕事
は、言葉のプロである通訳や翻訳ではない。あくまでニュースを伝
えるのが業務であり、そのために必要な言葉が聞きとれていればい
い、という趣旨だった。この助言で、ふっと肩の荷が下りた。
　赴任前に他社の先輩方からいただいたアドバイスも私の背中を押
してくれた。同じくベテランの朝鮮半島ウォッチャーである産経新
聞の久保田るり子記者は、「赴任して半年ほど経ったら、自信がなく
てもどんどんひとりで歩いていろんな人に話を聞くといい」と語っ
てくれた。久保田記者もかつてソウル支局に赴任した直後は、韓国
語を流暢に操れるほどではなかったという。それでも、間違える恥
ずかしさを甘受してでも、積極的に韓国人とコミュニケーションを
とることが上達の早道だ、という経験談だった。
　赴任当初は澤田記者とともに取材に出かけたり、韓国人スタッフ
にインタビューのテキスト起こしをしてもらったりすることもあっ
たが、秋ごろからは独り立ちすることを意識してみた。実践してみ
ると、インタビュー中に聞きとれない言葉のうち、何度か同じ言葉
が出てくると前後の文脈でおおよそ理解できることがあった。
　10年経った今でも覚えているのは「대놓고」(あからさまに) と
いう言葉である。当時、米韓関係の専門家であるソウル大教授に取
材した際、この言葉が何度か登場した。知らない言葉だったが、発
音から「대놓고」という文字だろうと推測できた。話を聞いている
とおそらく「露骨に」という趣旨ではないかと思われた。支局に戻
ったあと、私が普段使っている電子辞書の『朝鮮語辞典』(小学館)
で調べてみると載っていなかったが、その後もこの言葉を耳にする
機会がしばしばあり、「あからさまに」という意味で使う言葉なのだ
ろうと理解することができた。
　日々追っている国際情勢などであれば事前に内容を把握している

ため、韓国語で出てくる言葉も予想や推測ができる。するといざ取材に臨んだ時に、耳に入りやすいということが経験則としてわかってきた。

こうして少しずつ慣れてくると自信がついてくる。それだけに、陥りがちな危険もある。先述のように韓国語は漢字語が多いため、日本語とまったく同じ意味だととらえて深く考えずに訳してしまう。その危うさを他社の先輩記者から私は事前に聞いていた。

「日本語と韓国語の漢字語は、本当は微妙にニュアンスが違うのに、そのまま訳すことに慣れてしまい、違和感を持たなくなってしまうことがある。この点はよく気をつけたほうがいいですよ」

こう助言してくれたのは、時事通信でソウル特派員を務めた北條稔記者だった。時間に追われて記事を書いているうちに、言葉の意味をひとつひとつ吟味しなくなる可能性があるということだった。北條記者の金言のおかげで、私は常に立ち止まって考える癖がつけられたと思う。

では、日本語と韓国語の微妙なニュアンスの違いとはどのようなものだろうか。

同じ漢字でも意味はイコールじゃない

漢字語のうち、同じ意味かつ発音もそっくりな言葉の代表例として「약속（約束）」という名詞がある。たしかに言葉自体の意味は同じだが、実際のコミュニケーションで使用する際は、若干の違いがある。

たとえば韓国語で明日の予定はどうかと尋ねる際、一般的に「내일 약속이 있어요？（明日、約束はありますか）」と聞く。日本語では「明日、予定ありますか？」と尋ねるのが自然だろう。日本語で「明日、約束はありますか？」といっても意味は通じるが、日程についての約束というと、子ども同士の「遊ぶ約束」を連想させる。

このように、微妙なニュアンスの違いがある日韓の漢字語を、報道の現場で使用する場合は細心の注意が必要となる。新聞社など既存メディアの影響力はかつてほど大きくないとはいえ、日韓両国とも相手国について知る媒体として既存メディアは今も大きな割合を

占めている。非営利団体「言論NPO」と韓国のシンクタンク「東アジア研究院」が2022年9月に発表した共同世論調査によると、相手国や日韓関係についての情報源について、日本人の88.0%が「日本のニュースメディア」、韓国人の94.5%が「韓国のニュースメディア」と答えている。一次情報に接する記者が報じる言葉ひとつで、国民に伝える印象も変わってしまうということだ。

　以下、特に翻訳に神経を使った例を紹介したい。

▌翻訳で気をつける言葉　①「갈등」＝葛藤？

　私がソウル駐在中に直面した日韓間の外交問題のひとつが、産経新聞のソウル支局長（当時）が在宅起訴されたことだった。彼が朴槿惠大統領（当時）に関して掲載したコラムに対し、検察は朴氏への名誉棄損にあたるとして在宅起訴した（のちに無罪判決が確定）。

　「한일간의 외교적 갈등」（京郷新聞 2014年10月9日付）という記事はこの問題に関して報じたものである。これをどう訳すか。直訳すれば「韓日間の外交的葛藤」となる。韓国語では外交関係や国内政治などの文脈でも「갈등」という言葉を使うため、一見すると違和感がないようにも思える。

　ふと、立ち止まって考えてみた。日本語で葛藤というと、人の心のなかでの動きを意味する場合が多いのではないか。こうした違和感から、私はある日、外相会談などの通訳を担当する外務省のある韓国語専門職の女性にどう訳しているか尋ねてみた。すると「『摩擦』と訳すことが多いです。ただ、意訳をしないように心がけるので、そのまま葛藤と訳す場合もあります」という回答が返ってきた。

　たしかに「摩擦」はこれまで外交記事でも頻繁に使用してきたため、しっくりくる。この話を聞いて以降、私は記事を書く際、こうした文脈で出てくる갈등は摩擦と訳すように意識した。上記の京郷新聞記事は「外交的摩擦」と翻訳して報じた。

　本書執筆にあたり、改めて日本語の「葛藤」を電子辞書の『デジタル大辞泉』（小学館）で調べてみると、次のような意味があった。

　（1）人と人が互いに譲らず対立し、いがみ合うこと

（2）心の中に相反する動機・欲求・感情などが存在し、そのいずれをとるか迷うこと

（3）仏語

「外交的葛藤」は（1）に該当すると言えなくはないものの、少なくとも私が政治部記者として外交や内政に関する記事を書く際に「葛藤」という言葉を使った記憶はない。やはり「摩擦」のほうが日本語として馴染むのではないかと思う。

▌翻訳で気をつける言葉 ②「慰労」＝慰労？

2023年8月18日、米キャンプデービッドで開かれた日米韓首脳会談に関して、韓国の大統領府は以下のようなやりとりがあったと紹介した。

「회담 모두에 기시다 총리는 대통령의 부친상에 애도를 표하고, 올 여름 우리 호우 피해에 대한 위로의 메시지를 전했으며, 대통령은 이에 사의를 표했습니다」

日本語に訳すと、「会談の冒頭、岸田首相は大統領のご尊父の訃報に哀悼の意を表し、今夏、我が国であった豪雨被害についてお見舞いのメッセージを伝え、大統領はこれに謝意を表しました」となる。韓国の大統領が他国に「慰労の말씀」を伝えることもあり、韓国語では外交用語としてしばしば使われる単語である。

ポイントとなるのは、慰労をどう翻訳するかである。『朝鮮語辞典』を引くと、慰労の漢字そのままに「慰労」という意味だと説明している。ただ、日本語の「慰労」の意味を『デジタル大辞泉』で調べてみると、「苦労をねぎらうこと」と記されている。例文として、「試合のあとで選手たちを慰労する」「慰労会」の2例が紹介されている。ここには「お疲れ様」といった、やや上から目線の意味合いが感じられるのではないか。とすると、相手国の首脳に「豪雨の被害、お疲れ様でした」というのは失礼なように感じる。

冒頭のやりとりについて、日本政府の発表は下記のような表現だった。

「ユン大統領の御尊父の御逝去に際し、心からの哀悼の意を表明

するとともに、先般の韓国国内の豪雨災害に関し、改めてお見舞いの言葉を述べました」

首脳会談などで日本が使う言葉は「慰労」ではなく「お見舞いを申し上げる」である。これを韓国語に訳すと「위로」になるのである。

今回の会談内容については、日韓双方から発表があったため、日本メディアで「慰労」と報じた社は、確認できた限り、なかった。ただ、韓国政府のみが発表する場合、韓国語と日本語のニュアンスの違いを吟味せずにうっかり「慰労」と訳してしまいがちで、注意が必要である。

「〜すべきだ」「〜しなければならない」があふれる韓国語

韓国語に接していると日常的に見聞きする表現のひとつに、「〜야 한다」がある。代表例である「해야 한다」は、「〜すべきだ」もしくは「〜しなければならない」と訳す。政治家の発言はもちろん、航空券の予約に際する注意事項として「예약자 정보는 항공권을 이용함에 있어 긴급상황 발생 시 즉시 연락이 가능해야 하며(予約者の情報は航空券を利用するにあたり、緊急時にはすぐに連絡がとれなければならず)」と書かれていたりする。

日本人の感覚とすると、かなり強い立場表明と受けとめる人が多いのではないだろうか。特に「〜しなければならない」は、押しつけがましいと感じる人もいると思う。

そのためだろう。私は2015年12月6日付の韓国紙『中央日報』日曜版に韓国語でコラムを書いた。日韓の愛情表現の違いについて記し、どちらがよいと甲乙をつけたものではなかったが、中央日報は「일본이 배워야 할 한국인의 애정 표현법」と見出しを付けた。これが日本語版サイトで、「日本が見習うべき韓国人の愛情表現法」と直訳されて掲載された。読者の反応は「腹立つ」が689と大半を占め、「興味深い」51、「役に立つ」12（いずれも2024年3月現在）を大きく上回った。「違い」という見出しがついていたら、ここまでの反発は招かなかったに違いない。

ここで私が伝えたいのは、日本語にするとやや高圧的なニュアンスを含むこの韓国語をどう翻訳するか、常に気を遣っているということだ。特に大統領などの発言を報じるにあたっては神経を使う。翻訳の仕方次第で日本人の受け止めにも影響を与える可能性があることは先述のとおりである。

　私がソウルに駐在した2013年4月から2018年3月までの期間は、朴槿恵政権のほぼすべての期間と文在寅政権の初期に当たる。朴政権の前半は慰安婦問題をめぐって日韓関係が冷え込んでいたが、日韓国交正常化50周年を迎えた2015年は大きな転機となった。

　朴氏は過去の歴代大統領と異なり、韓国メディアを含めた個別のインタビューに応じないことで知られていた。それでも、2015年秋にソウルでの日中韓首脳会談が予定され、安倍晋三首相の訪韓が迫ると、この機会ならインタビューに応じる可能性があると日本メディア各社は取材を申し込んだ。二国間会談は、両首脳では初めてとなるためだった。幸い、毎日新聞は朝日新聞と合同の書面インタビューという形式で朴氏の見解を聞く機会を得た。

　朴氏は安倍氏との首脳会談への期待感を問う質問に対し、下記のように回答した。

　　「양국이 올바른 역사인식의 바탕 위에 과거사를 극복하고 새로운 미래를 향해 출발하는 전환점을 만들어야 한다고 생각합니다」

　これを毎日新聞は「両国が正しい歴史認識を土台に歴史を克服し、未来に向かって出発する転換点を作るべきだ」と訳して記事にした。「作らなければならない」と訳すこともできたが、前後の文脈から判断した。こちらが事前に提示した9つの質問への朴氏の答えのうち、「〜야 한다」という表現は計8カ所あった。いかにこの表現が多用されているかを物語る。

　記者が翻訳するにあたり、日本人の読者が韓国首脳の発言を好意的に受けとめるようにという政治的な考慮をするわけではない。ただ、機械的に訳すことは避け、その都度、「〜すべきだ」がふさわしいか、「〜しなければならない」と伝えるべきか、吟味していることを知ってもらえたらと思う。

ニュースよりはるかに難しい幼稚園の家庭通信文

　前述のように、私は赴任当時4歳だった長男とともにソウルで暮らした。せっかくの貴重な海外生活なので、韓国の友人を作ってもらいたい、韓国の教育を親子ともども体験してみたいとの思いで現地の幼稚園の門を叩いた。

　幼稚園からは毎週、A4判1枚の教育計画案と家庭通信文がそれぞれ配布された。教育計画案は、1日ごとに学ぶテーマが記されていた。たとえば「미술 영역（美術領域）」では「그리기/우리 반 교실（私たちのクラスの絵を描く）」「이야기 나누기（会話）」では「우리 반 이름의 의미를 알아보아요（私たちのクラスの名前の意味を調べてみよう）」などと詳細に記載されていた。これらの内容は、辞書を引かずともおおむね理解できた。幼稚園児の子育てや教育に関して書かれていることが事前にわかっていたからである。ニュースで出てくる言葉は事前に予測可能なのと同様である。

　苦戦したのは、家庭通信文の季節の挨拶だった。ソウルに赴任して1年後の2014年4月第1週目の家庭通信文は、以下のような文章で始まっていた。

　　「안녕하십니까? 걸어가는 길섶마다마다 봄향기가 새록새록 돋아나는 계절입니다. 길을 걷다 걸음을 멈추길 여러 차례, 봄햇살 아래 봄꽃이 흐드러지게 피어나길 기다리며…」

　一読して辞書なしですらすらと日本語に訳せる人は、かなり高度な韓国語能力を身につけていると言えるだろう。本書執筆に際し、改めて当時の家庭通信文を見てみると、새록새록は「続々と」、돋아나는は「芽生える」、햇살は「新しい」（※実際には「日差し」の誤り）、흐드러지게は「見事に」とメモ書きがしてあった。計10行の挨拶文に7カ所も単語の意味をメモしてあり、いかに語学力が不足していたかがわかる。時候の挨拶に出てくるような単語は、日ごろの取材活動では接することがないからである。

　韓国語学習を始めて13年たった今も自信を持った翻訳はできないが、挨拶文は概ね以下のような内容だった。

　　「こんにちは。歩く道の端々に春の香りが感じられる季節です。

道を歩いては何度も足を止め、春の日差しの下で春の花が見事に咲き乱れるのを待ちながら…」

　長期休暇の際に出る宿題も、難題だった。入園して最初の冬休みとなった2013年にはこんな課題が配られた。

　「메추리알 꼬치로 겨울나무 만들기」

　메추리알は、まず検討がつかない。辞書で調べてみると「ウズラ」と出ていた。「うずらの卵串で冬の木を作る」という宿題だということがようやくわかった。材料や制作方法も辞書を片手に、「まずうずらの卵をゆでて皮をむく。その後、爪楊枝に串刺しにしたものを大根に刺していき、冬の木のようなものを作る」となんとか長男に説明するありさまだった。

　こうした生活に密着した言葉の数々は、記者としての日常業務の何倍も理解するのに時間がかかった。赴任から半年、1年と過ぎるうち語学力に少しばかり自信はわいていたが、ニュースに特化した偏った語学力にすぎなかったのだと痛感する日々だった。

　「お弁当を作る」といった簡単な表現でも、「만들다（作る）」ではなく「싸다（包む）」という表現を使うのだと知ったのも、仕事ではなく暮らしを通じてのことだった。長男が現地の幼稚園に通ったおかげで、より幅広い言葉に接することができたのは幸運であり、私たち親子にとって大きな財産となった。

■ 門外漢が美術の世界に足を踏み入れてみた

　美術用語もハードルが高かった。韓国を代表する画家・李仲燮[イ ジュンソプ]（1916年～56年）と、日本人妻・山本方子さん（1921年～2022年）夫婦についてのルポ記事を書くことになったのがきっかけで、美術に関する単語に触れることになった。

　私は元来美術に興味がなく、小学生のときから苦手意識が強かった。そんな門外漢にとっては、日本語でも馴染みの薄い表現である。李仲燮に関する韓国語の書籍や図録などを読むことはもちろん、日本語でわかりやすく説明するのは至難の業だった。

　李仲燮を代表する作品のなかで、銀紙画というジャンルがある。

朝鮮戦争によって極貧生活を強いられ、キャンバスも紙もなかった時代、愛煙家の李仲燮はたばこを包む銀紙をキャンバスに見立てた独特の技法を生み出した。

2016年に李仲燮の生誕100周年を記念してソウル・德寿宮（トクスグン）で開かれた展覧会の図録では、銀紙画についてこう説明していた。

「양담배를 싸는 종이에 입혀진 은박을 새기거나 긁고 그 위에 물감을 바른 후 닦아내면, 긁힌 부분에만 물감자국이 남게 된다」

幼稚園の家庭通信文に続いて、またしても見慣れない言葉が次々に登場した。ひとつひとつ辞書で調べるしかない。訳すと次のような内容である。

「たばこを包む紙にかぶせられた銀紙を刻んだり削ったりし、その上に絵の具を塗った後でふき取ると、刻まれた部分だけに絵の具の跡が残る」

なんとか訳すことができたのは、実際に作品を見ていたからだろう。その後、記事をもとに書籍化の話が進んだものの、韓国の美術評論家が記した作品の評価などは私に美術の知識がないこともあってお手上げだった。先述の澤田記者の言葉を思い起こし、自信を持って理解できた部分を引用したりするなどしてなんとか出版に至った。

2年後の2023年8月には、韓国語で翻訳出版された。出版を前に韓国人の翻訳者が訳してくれた原稿に目を通すと、大半は原文に忠実に翻訳されていたが、日本語の「願わずにはいられなかった」といった二重否定表現が正確でない箇所が一部あった。

日本語ネイティブである私にとって、日本語を韓国語に訳すほうが、韓国語を日本語に訳すより難易度が高い。それでも、できるだけ原書のニュアンスを正確に伝えたいと、韓国の編集者とオンラインで全360ページほどをチェックすることにした。

編集者とともに悩んだのは、日本語の固有語の翻訳だった。たとえばインタビューの言葉として、「だから後付けなんですよね、そういう話って」という一文があった。「後付け」をどう訳すのか。機械的にぱっと当てはまる表現がないうえ、前後の文脈もくみとる必要がある。編集者はほぼ日本語を解さないため、私が説明したうえ

で、２人で知恵を絞った。数分間議論したうえで、最終的に「그러니까 그건 다 지나고 나서 하는 말들이죠」という文章にした。直訳すると「だからそれはすべて過ぎたあとに言う話でしょう」となる。少し意訳が必要だった。芸術とも韓国語とも縁がなかった私が、まさか日韓の美術に関する本を出版し、韓国でも翻訳されることになろうとは、韓国語学習を始める前は想像もできなかった。

数えきれない出会いに恵まれて

　先述のように、私は「韓国語を勉強してみないか」と打診されたのがきっかけで朝鮮半島との縁を深めることになった。当時、長男は３歳になったばかりで、とても勉強に集中できる環境ではなかったが、おもしろそうだという直感が働いた。このときの判断は正しかったと今、自信を持って言い切れる。

　いちばん大きな財産は、韓国語学習を始めてからの13年間で、数えきれないほどの多くの良き出会いを得たことだ。韓国の外交関係者や記者、子育てを通じて知り合ったママ友、芸術界にまで世界が広がり、現在、「KakaoTalk」の登録者は500人を超えている。韓国を訪れれば、「ご飯を食べましょう」と声をかけてくれる友人、知人に恵まれた。2024年３月からは韓国紙・中央日報の東京特派員として勤務し、新たな出会いの連続の日々を過ごしている。ひとりでも多くの読者に、言葉を学ぶおもしろさが伝われば幸いである。

📖 参考文献

安垠姫（2007）『韓国語学習スタートブック　超入門編』Jリサーチ出版
大貫智子（2021）『愛を描いたひと イ・ジュンソプと山本方子の百年』小学館
カナタ韓国語学院（1997）『가나다 KOREAN For Japanese』国書刊行会

浅見綾子（아사미 아야코）

現職：株式会社HANA出版部長

●好きな韓国語「머리가 나쁘면 손발이 고생한다」

「머리가 나쁘면 몸이 고생한다」ともいい、文字どおり頭が悪いと
手足（体）が苦労するという意味のことわざ。韓国の出版社で仕事
をしていたときに、もっと要領よく仕事をしないさいとよく先輩か
ら言われた言葉で、成長することなく今でも手足は고생している。

●韓国語の学習方法

【中級のころにやっていたこと】

・ディクテーションとシャドーイング＆音読を毎日毎日ひたすらに。
・『改訂版KBSの韓国語 ラジオドラマ』のせりふを繰り返しなりき
　りシャドーイング。さまざまな年代の口調をマネすることで、聞
　き取りの幅も広がる。

【今つづけていること】

・毎朝、日本語と韓国語のニュースを倍速で聞き流す。
・勉強法に関する情報は定期的にアップデート。
・『hanaの韓国語単語〈上級編〉ハン検1・2級レベル』の例文を
　シャドーイング。

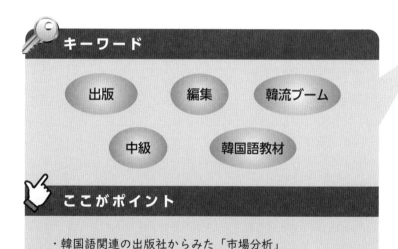

4

キーワード

出版 編集 韓流ブーム

中級 韓国語教材

ここがポイント

・韓国語関連の出版社からみた「市場分析」

・中級以上を目指す人はブームに左右されない

・編集長が実践している韓国語の実力アップ法！

韓国語教材の編集のセカイから
韓国語学習者へのメッセージ

浅見綾子 （出版社HANA）

編集者であり学習者でもある私

　私は社会に出てからずっと出版業界に身を置いて働いてきました。これまで4つの出版社に務めてきましたが、4社とも「韓国」に関わる出版社で、振り返ると出版業界で働き始めて21年目になります。そのうち直近10年はHANAという出版社で韓国語の専門出版での仕事を経験し、現在は同社が出版する『韓国語学習ジャーナルhana』という学習雑誌の編集長を務めています。同時に、この21年間の私は、常に韓国語を学ぶ立場でもありました。韓国語学習者のみなさんに近い立場から、みなさんが学習を進めるうえで少しでもお役に立つように、私の学習者と編集者としての双方の経験などを共有させていただきますので、ひとつの意見として参考にしてもらえるとうれしいです。

市場分析からみる「韓国語教材の売上ランキング」

　私たちが韓国語教材を作るときにまずすることは「市場分析」です。市場分析には、日々の売上ランキング（主にAmazonランキング、楽天ブックス商品分析・比較、紀伊國屋書店PubLineなど）のチェックと、年に数回おこなう"売れ筋ジャンル分析"、数年ごとにおこなう"新刊動向分析"などがあります。

　ひとつの例として、紀伊國屋書店のPubLine（パブライン）でのランキングを紹介します。PubLineとは、紀伊國屋書店全店のPOSレジ（Point of Saleの略で、商品を販売した時点の情報を記録・集

計するシステム）で管理されている販売情報を公開しているサービスのことで、このサービスを利用して、販売データ分析による今後の売れ行き予想や増刷の手配、読者の性別や年代の分析、新刊へのマーケティングなどをおこないます。また、他社出版社の売上データも見ることができるので、ライバル本との比較検討が容易にできるのもポイントです。

　2013年の売上ランキングを見ると、1位は新大久保学院の『できる韓国語 初級1』（DEKIRU出版）、2位はチョ・ヒチョル先生の『1時間でハングルが読めるようになる本』（学研マーケティング）。3位は中山義幸先生の『聴ける！読める！書ける！話せる！韓国語 初歩の初歩』（高橋書店）。これらランキング上位に並ぶ本を見ていくと、10年前から現在まで、ずっと上位20位内にランクインしている韓国語の語学書がたくさんあることに気づきます。そしてもうひとつ、ほとんどの本が入門・初級向けの本であることもわかります。どんな本が売れているのかを見ることで、読者が求めているものが見えてきます。

YouTuber先生の本が続々と

　また、最近の売れ筋学習書の傾向として挙げられるのが、続々と出始めている"YouTuber先生"たちの本。自前のYouTubeチャンネルを持っている韓国語の先生の本で、「本を出す前からすでに著者自身のファンがいる」というタイプの本です。

　YouTuber先生の本が続々と出版され、さらに『字幕なしで韓国ドラマが見られるようになる本』（コスミック出版）などの新刊本が売れている背景には、昔に比べてYouTubeやNetflix、V-LIVEなど、動画で勉強する人が増加しているという状況があります。そうした流れから見えてくるのは、「韓国語の学習法も変化している」というポイント。動画を利用して勉強している方のなかには、韓国語を学び始めてからかなり早いスピードで中級レベルに到達している人が多くみられます。韓国語会話もとっても上手で、発音もイントネーションもネイティブのように話せる人が多いです。ただし、速

く中級に到達する反面、基礎的な文法が抜けている人も多くいます。

そんな方は、動画のみで韓国語を学ぶのではなく、同時に文法を強化する勉強もするとよいでしょう。さまざまな学習法を組み合わせて基礎と応用を強化することで、TPO（時・場所・場面）に合わせたよりきちんとした韓国語が使えるようになります。

SNSチェックは欠かせない

今の時代、欠かせないのがX（旧Twitter）やInstagram、TikTokなどのSNSでの投稿のチェック。韓国語学習者がどんなことに興味を持っているのか、推しの言葉を理解するためにどんな努力をしているのかしていないのか、どんなことを悩んでいるのかなどをチェックします。またXのアンケート機能を使って直接読者に質問し、その答えを参考にしたりもします。以下は2023年2月に投稿したものです（回答1,941票）。

定期的に勉強している方に質問です。朝勉強していますか？夜勉強していますか？それともお昼？
①朝勉派（12%）
②夜勉派（28%）
③スキマ時間にちょこちょこ派（56%）
④その他（4％）

この回答から、スキマ時間に勉強できる本に需要があるかもしれない、とヒントを得たりできるのです。

韓流ブーム、4つの波

もちろん市場分析には、「韓国語学習者数」を把握しておくことも含まれます。韓国語教材専門出版社であるHANAは韓国語教材のみを出版しているため、「韓国語学習者数」の増減が死活問題です。

韓国語学習者数を見る前に、まずは「韓流ブーム」のおさらいを

しておきましょう。なぜかというと、このブームが学習者数に大きく影響しているからです。

　まず、"第1次韓流ブーム"は誰もが知る「冬ソナブーム」。「ヨン様ブーム」とも呼ばれました。これは2003年に、NHK-BS2の海外ドラマ枠で放送された「冬のソナタ」が爆発的な人気を博したことに起因します。もちろん私もヨン様に恋をしました。

　"第2次韓流ブーム"は、2010年頃から始まった「K-POPブーム」。この頃には、「KARA」や「少女時代」、「BIGBANG」などのグループが日本のメディアに頻繁に出るようになりました。当時、ショートパンツ姿で踊る少女時代に憧れ、ショートパンツを履いてみては自分の姿にがっかりしたものです。このブームの影響で、韓国語学習者層は若い層にも広がっていきます。

　そして"第3次韓流ブーム"が、2016年頃から始まった「映えブーム」。このムーブメントは女子高生、女子大生を中心に広がり、SNS映えする「チーズタッカルビ」や「チーズハットグ」などの韓国フードを、多くの人がこぞってSNSにアップしました。

　"第4次韓流ブーム"は、記憶に新しい「韓国ドラマブーム」。コロナ禍のステイホーム期間、自宅で楽しめる動画配信サービスの需要が高まりました。「愛の不時着」「梨泰院クラス」は見ましたか？ヒョンビンのまねをして北朝鮮の言葉「괜 없소（大丈夫だ）」を使ってみた学習者は少なくないと思います。

ハン検受験者数から見る韓国語学習者数の推移

　では、この韓流ブームに「ハングル」能力検定試験（以下は「ハン検」と表記）の受験者数を重ねてみます。

　次ページの表を見ると、韓流ブームが"ハン検"の応募者数に影響していることがとてもよくわかります。第1次ブームのときにハン検の応募者数がぐっと増えており、ヨン様が日本に与えた影響がいかに大きかったかが数字からも見てとれます。しかしブームが来るとその反動があるものです。2007年頃からは嫌韓の気運が高まり応募者数にも影響します。

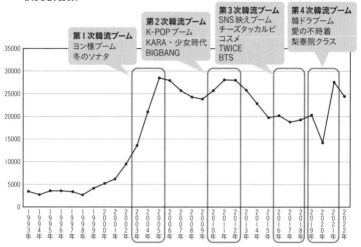

ハン検受験者数

第1次韓流ブーム
ヨン様ブーム
冬のソナタ

第2次韓流ブーム
K-POPブーム
KARA・少女時代
BIGBANG

第3次韓流ブーム
SNS映えブーム
チーズタッカルビ
コスメ
TWICE
BTS

第4次韓流ブーム
韓ドラブーム
愛の不時着
梨泰院クラス

　次に第2次ブームが来て、応募者は再び上昇します。しかし2012年、李明博元大統領が竹島（独島）に上陸したことを契機に日韓関係が悪化します。2012年まではほぼ毎年、日本の中高生の修学旅行先は韓国がトップで、全体の2割超を占めていました。しかし竹島上陸を契機にその割合が下がり始め、2019年はわずか1.2％までに落ち込むということもありました。

　そして第3次ブームは、人々が「映え」を求めたブームだからか、韓国語を本格的に学ぶ動機にまでは至らなかったということが、ハン検の応募者数の動きに見てとれます。この期間、ハン検の応募者数が増加することはありませんでした。しかし一方で、紀伊國屋書店の韓国語教材の売上を確認したところ、かなりの伸びがみられました。このことから第3次ブームでは、「試験を受けるほどではないものの、韓国語は勉強してみたい」という人が多かったということがわかります。

　また、現在につながる第4次ブームでは、グラフだけを見ると受験者数が減っているようにも見えますが、これはコロナの影響で試験が年に1回しか開催できなかった（通常は年に2回）ためでしょう。

もし通常どおりに年2回開催できていたとしたら、グラフは上向きになっていたことが予想されます。

ブームに左右されない中級者の存在

　次に、2012年からのハン検の級別応募者数の推移を見てみます。2022年でいうと上からハン検4級、5級、3級、準2級、2級、いちばん下が1級の応募者数です。この図では、入門・初級レベルは世の中の情勢やブームに影響されやすく、上級にいけばいくほど、ブームに左右されず勉強を続けるという傾向がわかります。

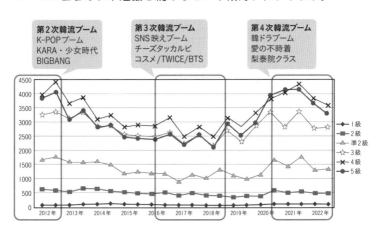

第2次韓流ブーム
K-POPブーム
KARA・少女時代
BIGBANG

第3次韓流ブーム
SNS映えブーム
チーズタッカルビ
コスメ/TWICE/BTS

第4次韓流ブーム
韓ドラブーム
愛の不時着
梨泰院クラス

　前述したとおり、韓国語を学ぶ人の数はブームに大きく左右されます。一方で中級以上の学習者は、ブームにあまり左右されることなく「韓国語が好き」という動機で学習を継続する傾向があります。

　では、韓国語の「中級レベル」とは、具体的には何を指すのでしょうか。

　「中級者」を日本語表現辞典で引くと「初心者と上級者の中間、または素人と玄人との間に位置する者。ある程度まで勝手を心得ている様子を指す場合が多い」(『実用日本語表現辞典』)とあります。韓国語で「中級」レベルの定義は曖昧であり、また中級レベルの範囲は非常に広いです。

いったい中級はどこから？

　中級はいったいどこからなのかについて公式見解を調べてみました。

　まずは「ハングル」能力検定試験の公式ガイドである『合格トウミ 改訂版』を見てみます。こちらは3冊が刊行されており、それぞれ「初級編 4・5級」「中級編 準2・3級」「上級編 1・2級」と書かれています。ここではハン検は3級からを中級と見なしていることがわかります。

　次にTOPIK。TOPIKの公式ウェブサイト（2024年1月10日時点）を確認すると「級別認定基準」が掲載されており、そこには3級からが中級だとわかる表が載っています。3・4級は中級、5・6級は上級という認識です。

◆ TOPIKの級別認定基準（全般）

評価等級		評価基準
TOPIK I （初級）	1級	・自己紹介、買い物、飲食店での注文など生活に必要な基礎的な言語(ハングル)を駆使でき、身近な話題の内容を理解、表現できる。 ・約800語程度の基礎的な語彙と基本文法を理解でき、簡単な文章を作れる。 ・簡単な生活文や実用文を理解し、構成できる。
	2級	・電話やお願い程度の日常生活に必要な言語（ハングル）や、郵便局、銀行などの公共機関での会話ができる。 ・約1,500～2,000語程度の語彙を用いた文章を理解でき、使用できる。 ・公式的な状況か非公式的な状況かの言語（ハングル）を区分し、使用できる。
TOPIK II （中級・上級）	3級	日常生活を問題なく過ごせ、様々な公共施設の利用や社会的関係を維持するための言語（ハングル）使用が可能。文章語と口語の基本的な特性を区分し理解、使用が可能。
	4級	・公共施設の利用や社会的関係の維持に必要な言語（ハングル）機能を遂行することができ、一般的な業務に必要な機能を実行できる。 ・ニュースや新聞をある程度理解でき、一般業務に必要な言語（ハングル）が使用可能。 ・よく使われる慣用句や代表的な韓国文化に対する理解をもとに社会・文化的な内容の文章を理解でき、使用できる。
	5級	・専門分野においての研究や業務に必要な言語（ハングル）をある程度理解と使用ができ、政治・経済・社会・文化などの全般に渡った身近なテーマについて理解し、使用できる。 ・公式的、非公式的且つ口語、文語的な脈絡に関する言語（ハングル）を適切に区分し、使用できる。
	6級	・専門分野における研究や業務遂行に必要な言語（ハングル）機能を比較的正確に、流暢に使用でき、政治・経済・社会・文化などの全般的なテーマにおいて身近でないテーマに対しても不便なく使用できる。 ・ネイティブ程度までではないが、自己表現を問題なく話すことができる。

一方、実際に韓国語を勉強している学習者はどのように考えているのでしょうか。2023年7月、Xのアンケート機能を使い、韓国語学習者のフォロワーのみなさんに「中級はどこから？」と聞いてみました。

　結果は1979票中、もっとも多い43％の人が「使っている単語が中級単語」を、ほぼ同じくらいの人が「簡単な受け答えができる」（25％）、「語尾を해요体だけではなく使える」（24％）を選びました。

　Xで直接学習者のみなさんの意見を聞いたところ、特筆すべき点として驚くことに、「間接話法ができたら中級だ」という意見を多くいただきました。そのほかには、韓国語ネイティブの話が聞きとれて、それに答えられるようになったら中級だという意見も多かったです。

　また、韓国語講師の方々からも「間接話法と受動と使役と回想過去と더니と았더니/었더니を学んでいたら中級前半、十全に理解したら中級後半、話せたら上級へ進む」「는/ㄴ/은데を使いこなせるようになって中級前半、回想表現더関連の文法を会話のなかにサラッと盛り込めると中級後半以降」「引用の縮約形（같이 가재 一緒に行こうって）が使いこなせるようになると中級」というような意見がありました。これらのコメントを読んでみなさんはどのように思いますか。自分の現在の韓国語学習のレベルを知り、中級学習者を目指すにあたり、ぜひ参考にしてもらえたらと思います。

■ “オール日本語”環境で実力アップさせる難しさ

　さきに韓国語教材の“売れ筋”は、入門・初級向けの本であるということをお伝えしました。たしかに中級向けの本よりも初級向けの本が売れると分析結果で把握してはいるのですが、それでもHANAは“初中級・中級者向け”にこだわった多くの本を出版してきました。中級レベル以上になると、各出版社からの出版点数が減り、学習者が求める教材に出会えなくなってしまうという状況があるからです。だから私たちは、中級者を応援する韓国語専門出版社でありたいと考えています。

とはいえ、日本に住みながら"オール日本語"の環境で韓国語の実力（特に外見の部分）をアップさせるのは非常に難しいのも事実です。ただでさえ、自分の韓国語の能力を維持するのも大変であるのに、さらにその能力をアップさせるには相当な努力が必要です。なぜ難しいかというと、日本では韓国に住んでいる場合よりも韓国語に触れる時間が圧倒的に少ないからです。日本で日常生活を送っていると、耳や目から自然に入ってくる韓国語がほとんどありません。授業以外で韓国語を話す機会がないという人も多いのではないでしょうか。当然、仕事や学業などでは多くの人がすべて日本語のみを使う環境にいるので、韓国語で物事を考える時間がほとんどありません。

　私は韓国に6年間住んでいましたが、その時期は自然に韓国語で考え、たいした努力もせずに韓国語をスラスラ話せていました。なぜなら"すべてが韓国語"という環境で、耳も目も大量の韓国語に触れていたからです。当たり前のことなのですが、「韓国にいる」ということが非常にありがたい学習環境だったということを日本に帰ってきてから痛感しました。日本に住む韓国語学習者のみなさんが、どのようにして韓国語の能力を高めればいいのか。ここからは、韓国関連の出版社に長年勤めてきたうえで効果的だと感じる、中級以上への学習方法の一部をご紹介しますので、ぜひ参考にしてください。

■ どうやって実力アップさせる？──さまざまな方法

　まず、受け身ではなく、主体的に学習することがなにより重要です。もちろんひとりで学習する時間も大切ですが、独学やYouTube学習など一方通行な受け身の学習だけでなく、オンライン含め教室に通ったり、話し相手を見つけたり、旅行をするなどして韓国語で会話をする機会を増やすこと。シャドーイングをしたり音読したりして"口を鍛える"トレーニングは非常に大切ですが、それだけでは"瞬発力"が鍛えられません。何かを質問されたり、話を聞いていて即座に答えを返したりできる瞬発力を鍛えるためには、やはり相手が必要です。

また、これはよく言われていることですが、短期間で一気に語彙力を増やせる試験勉強はかなりおすすめの勉強法です。短期間で実力を上げるための手段として、試験勉強ほどよいものはないと思います。たくさん話せることは、たくさん聞きとれることにもつながります。語彙力が付くと、読む力も聞く力も間違いなくアップします。しかし試験勉強をしただけでは話す力はアップしませんので、合わせて読解問題を音読したり、リスニング問題をシャドーイングしたりすることをおすすめします。

　そして中級以降、上級に近づけば近づくほど生素材での学習を増やすことがポイントです。語学においても、やはり推しの存在は尊いもの。言い尽くされていることですが「好きこそものの上手なれ」。推しの話す韓国語をなんとか聞きとろうと必死に食らいつく精神や姿勢、これは語学力アップには非常に大切です。『hana Vol. 38』の特集〈「聞き取れない原因」を把握し、聞き取れる耳をつくる！　韓国語リスニング〉では、柳本大地先生が「『聞き方』も大事」と指摘していました。聞こえてくる音を漠然と聞くのと、「絶対聞きとるぞ！」と思って聞くのとでは、聞きとれる度合いが大きく違ってくるそうです。

「逃げ場を作らない」のは手っとり早い

　次はちょっと意外な方法です。『hana Vol. 37』の「韓国語学習に役立つおすすめ韓国ドラマ」という特集では、安河内哲也先生にインタビューし、英語学習の方法について質問しました。先生は中級レベルくらいのときにサンフランシスコに行き、1週間朝から晩まで映画館に通い詰めたそうです。「その方法なら日本でもできるのでは？」と尋ねたところ、「家で配信映画なんか見ていると、わからないところがあったらすぐに字幕を付けてしまう。一方で映画館だと絶対に座って鑑賞しなければいけない。海外に行っちゃうと逃げられないでしょ？強制鑑賞空間というのが重要なんだよ」と語っていました。こうした"逃げ場を作らない"という方法は、中級から上級へとブレイクスルーするにはとてもよい学習法だと思います。

"逃げ場を作らない"に近い発想ですが、もう少し気軽に実現する方法もあります。『hana Vol. 50』では、「少し意識を変えれば、数日でもそれはもう〈留学〉大人の韓国留学」を特集しました。留学エージェントのaah! educationへの取材で、代表の竹内一郎さんは次のように語りました。「同じ期間、たとえば4日間韓国に行くとして、留学と旅行とでは何が違うか。それは、滞在中に目的意識を持っているかいないかが大きなポイント。「勉強しに来ているという意識」「学ぼうとしている自覚」があれば、たった数日でも充実した留学生活を送ることができる。」カフェで勉強をするという行為ひとつとっても、韓国では隣のカップルの会話も韓国語ですし、メニューも注文も（今はほとんどがタッチパネル「KIOSK」での注文ですが）すべて韓国語でこなすことになります。短期間でもその場所に身を置くことが、語学力アップにつながるのです。

■「倍速で聞き流す」を「ながら」でやる

　最後は王道ですが、ニュースやラジオを毎日聞き流すこと。「継続は力なり、だけど継続はするのは難しい」というのは、多くの人が実感していることでしょう。何かを続けようと思うと肩に力が入りなかなか続けることができません。私が毎日必ずしていることは、ポッドキャストを利用し、日本のNHKニュースと、韓国のJTBCニュースを聞き流すことです。

　朝の身支度時間を利用して（この何かを「やりながら」「ついでに」が継続の秘訣）最初にNHKニュースを2倍速にして日本語で聞き流すと、日本での出来事、世界での出来事がざっと把握できます。次に、JTBCニュースを1.5倍速で聞き流します（2倍速だと早すぎて…）。世界的な事件や事故はすでにNHKで聞いて頭に入っているので、1.5倍速の韓国語でもだいたいの内容が理解できます。そして、ニュースは同じ事件や出来事の進捗を毎日報道するので、今、世の中ではこんなニュースが注目されているのか、このニュースが日本では報道されないのはなぜだと疑問を持つきっかけにもなり、知識も増え、たくさんのことを知る努力にもつながります。

中級レベルで壁を感じているみなさんへ

　初級レベルで順調に韓国語の学習を進めてきた方でも、中級レベルにくると大きな壁を感じてしまうという人は多いかもしれません。ある程度の韓国語は理解できるようになっても、韓国語で瞬時に自分の意見を言ったり、流暢に韓国語を話せるようになったりするために、どのような学習をすればよいかがわからない。そうした壁を乗り越えるために、中級レベルまで学習が進んだと思った方は、ぜひ次のようなことを念頭に置いて勉強してみてください。

> 「語学の根幹を成すのは、語彙と文法」
> 「暗記、反復は避けられない」
> 「発展と停滞を繰返しながら上達する」
> 「１冊ですべてを解決できるような〈魔法の本〉はない」

　中級あたりから、語彙と文法の勉強を怠りがちになります。すでに知っている単語や文法でも韓国語が通じるようになるからです。しかし語彙が増えないと聞きとれる範囲が広がりません。中級レベルになっても上級レベルになっても、常に語彙や文法学習を続けることが大切です。

　中級レベルに達すると、自分の間違いにも人の間違いにも気づくようになります。これが実は厄介で、だんだんと人前で韓国語を話すのが億劫になってくる時期が訪れます。自分よりも韓国語が上手な人の前だと恥ずかしくて話せなくなる。これを克服するには、残念ながら自信を付けるしかありません。「自分よりも韓国語が上手な日本語ネイティブの前でも折れない強い心」が必要で、そのためには練習、練習、そしてまた練習です。

　加えてもうひとつ、「自分の韓国語の間違いや発音の下手さを気にしない心を持つ」ことも忘れないでください。自分の「下手な発音」や「たどたどしい韓国語」のほうに気持ちを引っ張られるのではなく、たどたどしくても「ちゃんと韓国語が通じる程度に話せている」という事実のほうに気持ちを向けることも大切です。上級レ

ベルに近づけば近づくほど、細かい間違いに「気を取られない」力を身につけることも重要になってくるのです。

　中級レベルまで学習が進むと、初級のときと同じペースで勉強していても韓国語の実力は伸びません。ハン検の初級必須単語は4・5級で約1070語、中級となると3・準2級レベルで約5000語と初級の約4.6倍の量です。上級になるとさらに約5240語を覚えなければなりません。勉強するスピードも量も、初級のころと同じようにやっていてはなかなか伸びません。そうした客観的な事実に気づくことも、中級レベル以降での学習には重要です。

■「人に話す、伝える」練習を取り入れる（妄想でもOK）

　韓国語は話している相手が目上なのか目下なのか、はたまた目上でも相手が社長なのか先生なのか先輩なのか、目下でも自分の弟なのか、後輩なのか、近所の子どもなのかで使う語尾、単語などが変わってきます。口を慣れさせる練習としては、ひとりで妄想の相手を作って練習することも有効です。たとえば、「今朝、家の最寄駅で私の大好きな獺祭の期間限定販売ブースが設置されていて、出勤しないといけないのに3本も買ってしまった」という話を、会社の部長と弟にすると想定します。

・部長に話すバージョン

　「부장님 제가 닷사이 좋아하는거 아시죠? 어? 닷사이 뭔지 모르세요? 일본 사케, 정종이잖아요. 근데 그 닷사이가 기간 한정 판매를 집에서 가까운 역에서 하고 있더라고요. 출근해야되는데 저는 3개나 사버렸지 뭐예요~.」（部長、私が獺祭を好きなの知ってますよね？え？獺祭を知らない？日本酒じゃないですか。で、その獺祭が期間限定販売を家の最寄り駅でやってたんですよ。出勤しなきゃなのに私3本も買っちゃったんです～。）

・弟に話すバージョン

　「야 오늘 역에서 닷사이 파는 거 봤어? 너 혹시 샀어? 나 닷사

이 좋아하는 거 알지? 3개나 샀잖아. 출근해야 되는데 엄청 무거워서 혼났어. ㅋㅋ（ねえ、今日駅で獺祭売ってるの見た？あんた買った？私、獺祭が超好きじゃん？3本も買っちゃったよ。出勤しなきゃなのに超重くてやばかったよ。）

このように、相手が誰かを想定して話すトレーニングをおこなうのもよいと思います。さらに、「間接話法」を取り入れて練習することも忘れずにしておきましょう。

・友達に部長のことを話すバージョン

「우리 부장님이 일본에 오신 지 20년이나 됐는데 아직 닷사이를 모르신다는 거야. 근데 내가 한번 닷사이를 선물로 드린 적이 있거든. 그땐 맛있다고 하셨었는데 말이야.」（うちの部長、日本に来て20年も経つんだけど、まだ獺祭を知らないって言うのよ。でも私、獺祭プレゼントしたことあんのよ。そのときは美味しいって言ってたのにさ。）

このような感じで。私はいつもお風呂でこの妄想練習をしています。

これからの韓国語学習は「中身勝負」

2023年6月にXで「何をもって韓国語が上手だと判断するか」という質問をしたところ、「リズムやテンポよく、流暢に話せていると韓国語が上手に感じる」というコメントが多く届きました。そうした結果を踏まえると、今後も多くの韓国語学習者にとって、"テンポよく流暢に話せるようになること"が目標になるでしょう。それに加えて私が提案したいのが、もう一歩踏み込んで「自分の意見をしっかり持てるように努力する」ということです。たとえば、韓国語の「抑揚」や「イントネーション」を重視した学習法は、現在のひとつの韓国語学習の"ブーム"だと私は考えています。いずれ韓国語が流暢に話せることよりも、「何を話すか」「どのような会話を選ぶか」といった中身や内容が重視される時代が来ると思っています

（これもブームではあるかもしれませんが）。韓国語の外見よりも中身が重視される。そんな未来では、日本語なまりの韓国語であってもTPOに合わせてきちんと話せることのほうが、流暢に話せることよりも重要で、カッコいいとされるはずです。

　そこで強調したいのが、「自分の意見をしっかり持てるように努力すること」の大切さです。自分の意見を持つためには、たくさんのことを知ろうとする姿勢が重要です。韓国語をはじめとする外国語学習者なら、日本だけでなく韓国やそれ以外の国で起きていることなどに常に関心を持ち、インプットを増やしておくことが語学力の"中身"を磨くことにつながります。たくさんのことを知っていると、たとえば韓国の人との会話のなかでもたくさんのことが聞きとれるようになります。また、多くの知識や情報を知っていると会話のネタも豊富になります。

　そうして中身を磨きながら、自分の意見や考えを韓国語で表現できるように、口を鍛える（話す）トレーニングに励んでください。もちろん頭のなかに自分の考えがあっても、それを韓国語で表現するためには一定のスキルが必要です。そうしたスキルは韓国語の外見の部分と言えますが、インプットを増やして自分の意見を持ち（内面を鍛え）、それを話す（外見を磨く）練習をすることで、より実践的な韓国語の習得につながると思います。

▌効率よりも"好き"をエネルギーに

　現在はいろいろな人がそれぞれの立場で、さまざまなことを発信しています。たとえば勉強法ひとつにしても、「一冊の本を何周も繰り返しやることが大事」という人がいる一方で、「出ている本は全部買え。複数の本から学ぶことこそが実力アップの秘訣」という人もいます。私もSNSでよく発信しますが、いろんな人が自由に発信する場が、SNSやYouTubeです。ですからひとつの意見に固執せず、自分にとって有用な情報を取捨選択して取り入れてもらいたいです。

　自分の好きなやり方で学習することがいちばんだと、私は心から思っています。「結局は泥臭くやるしかなく、効率を考えないという

ことが大事。効率を考えるということは自ら限界を作ってしまい、学習を手段化してしまう」とは、本書の共著者である辻野裕紀先生の言葉です。私も辻野先生と同様に、効率的な学習法を探すよりも、"好き"をエネルギーにしながら貪欲に学び続けることが、韓国語上達への道だと信じています。

　最後に、すべての韓国語学習者のみなさんが、心穏やかに楽しく韓国語を学べることを願っています。

📖 参考文献

ハングル能力検定協会（2022）『「ハングル」検定公式ガイド 合格トウミ 改訂版 合格レベルと語彙リスト 中級編』ハングル能力検定協会

福田恵介（2021）「戦後最悪の日韓関係となった大統領の軌跡」東洋経済オンライン、2021年11月18日
　https://toyokeizai.net/articles/-/467417?page=3

5

浅羽祐樹（아사바 유키）

現職：同志社大学グローバル地域文化学部 教授

●好きな韓国語「알아서 한다」

動詞「알다」の連用形＋서＋하다のかたち。「勝手にする」と「物事の理知を踏まえて言動する」のどちらの意味になるかはその時々。いや、主語＝主体＝主題（subject）、「わたし」次第。

●韓国語の学習方法

【中級のころにやっていたこと】

・田中明彦『新しい中世』韓国語版を原典と見比べながら、一言一句残らず書き写した。頻出表現・漢字語は丸暗記。
・韓国語で家計簿。「買い物」ではなく、品物ひとつずつを記録。読み返すと、留学時代の生活や物価（！）が一目瞭然。

【今つづけていること】

・尹錫悦大統領のスピーチを動画で聴きながら、シャドーウィングと通訳（同時＋逐次）の練習。尺が長くも短くもなく、トピックも多様、スクリプトとともに毎日提供されるため、続けやすい。韓国の「いま・ここ」をフォローするのにも役立つ。
・「매정하게」をプロたちは「はっきり」「冷淡に」「きっぱり」「断固として」と訳しているのをみて、自分ならばどう訳すのか、徹底的に考え抜く。「情け容赦なく」。

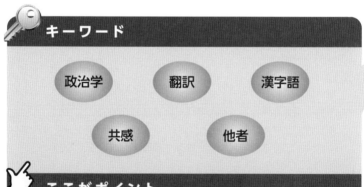

キーワード

政治学   翻訳   漢字語

共感   他者

ここがポイント

・韓国の名前やことば、日本語ではどう書く？

・「どう訳すか」は、国家をまきこむ問題に！

・「ことば」の「ふさわしさ」を、常に見直しつづけること
が大切

「ことば」と政治・外交

浅羽祐樹 (同志社大学)

「政治・外交とは、ことばを持って継続される戦争に他ならない」

「戦争とは、異なる手段を持って継続される政治に他ならない」というのは戦略家クラウゼヴィッツの名言であるが、「政治・外交とは、ことばを持って継続される戦争に他ならない」と言い換えることができる（田中 2000）。事実、国会における与野党の議論も、経済安保をめぐる外交交渉も、教室におけるディベートも、ビジネスの取引も、「ことば」を巧くつかうことができるかにかかっている。そもそも、「偽情報の拡散を含め、認知領域における情報戦」（『国家安全保障戦略』「別紙」24 頁、2022 年 12 月）」は、福島第一原発から海洋に放出し始めた「処理水（처리수）」／「汚染水（오염수）」をめぐって熾烈に繰り広げられている。

わたしは韓国政治や日韓関係について、この「ことばを持って継続される戦争」という観点から 20 年以上研究・分析し、2019 年4 月以降、同志社大学に異動してからは「韓国語」（同志社では「コリア語」と呼称）教育の現場に立つと同時に、カリキュラム全体に責任を負っている。2000 年から 5 年間、ソウル大学に留学し、修士・博士の学位を取得したが、2024 年度に在外研究の機会を得るまで、19 年間、長期間韓国に滞在できなかった。この間、韓国語運用能力を維持・向上させるために、毎日、相当のエフォート（労力・時間）を割いている。韓国は近年、保守／進歩の分極化が激しくなっているため、「イデオロギーの分布状況」を「釣り合いよく」観察するために、通信社・新聞 15 社（0 時以降、オンラインでの掲載順に、東亜・中央・朝鮮・韓国・国民・ヘラルド経済・文化・聯

合・韓国経済・毎日経済・ハンギョレ・ソウル・京郷・世界・ソウル経済）の社説だけは必ず「音読」している。「読めない」単語はもちろんのこと、「書く」「話す」では使えないものも、必ず辞書（最近は専ら「NAVER国語辞書」）で確認し、ほかの用例にも目を通す。このほか、政治・外交・安保に関するコラムはできるだけ漏らさず速読するようにしている。

　同時に、大統領の演説は漏れなく「音読」し、その動向は「KTV国民放送」で徹底して追跡している。ニュースやドキュメンタリーを１倍速で定刻に視聴するのは「価性比（価格対比性能比率：コスパ）」が悪いため、必要に応じて、２倍速で済ましている。Kドラマは本当に大好きだが、とてもフォローする余力がない。韓国版TED Talkこと「세바시」は、さまざまなテーマについていろんな人々が語りかけるコレクションをアラカルトで楽しんでいる。15分間で1話完結、自動生成の韓国語字幕もほぼ正確で、オススメである。一方、K文学は、小説や「癒やし」本ともに、日本語翻訳版と原語を対照させながら、ゆっくり味わうように読んでいる。

　このように、韓国語との関わり方は、わたし自身の「分人（分割不可能な個人[in-divide-able: individual]は実はいろんな顔や役割を持っている）」のどのキャパシティかにより濃淡がある。ここでは、まがりなりにも韓国語でメシを食っているイチ個人の「プロフェッショナル 仕事の流儀」の一端を示したい。

▌「尹錫悦」の読み方

　2022年５月10日に第21代韓国大統領に就任した「尹錫悦（윤석열）」の日本語表記は当初、「ユン・ソクヨル」「ユン・ソギョル」「ユン・ソンニョル」の３つがあった。

　韓国語の特徴のひとつであるパッチム（（子音）＋母音＋子音の組み合わせで成り立つ文字における最後の子音のこと）は、ほとんどの音が「（子音）＋母音」で終わる日本語話者にとって、正確に発音するのも難しいし、しっかり止めないと、息が漏れて「김치」（2拍）が「キムチ」（3拍）になってしまう。

第1の「ユン・ソクヨル」は、1文字ずつ、パッチムも1拍として表記したものである。第2の「ユン・ソギョル」は、人名の「錫悦（석열）」は連音化し、語中の平音は有声音化することを濁音で表している。韓国政府の文化体育観光部傘下の国立国語院も、本来、この「ユン・ソギョル」が「正しい発音」としていた。第3の「ユン・ソンニョル」は、本来、人名の「錫悦」はひとまとまりであるため、ㄴ挿入は生じないはずだが（辻野 2021）、「錫」「悦」の合成語だとすると、まずㄴ挿入が生じ（석열→석녈）、そのうえで鼻音化（석녈→성녈）が生じたものと考えると辻褄が合う。尹錫悦本人は幼少期からそのように呼ばれてきたため、そう呼んでほしいと選挙期間中に申し出ていた。

　人名はその人の人格そのものでもあるため、「李」氏のローマ字表記は原則「Lee」であっても、「Yi」や「Rhee」も本人が望めば認められる。事実、初代大統領の「李承晩（이승만）」は「Lee Seungman」ではなく、むしろ「Syngman Rhee」として知られている。地名も固有名であり、「釜山（부산）」は長らく「Pusan」として親しまれていたが、2000 年にローマ字表記法が改正されて以来、「Busan」となったが、依然として混在している。名前（固有名）というものは特に、表記も、発音も、表音文字の韓国語とて、一筋縄ではいかない。

　にもかかわらず、NHK をはじめ日本のメディア各社は、大統領就任時に「これまで韓国の国立国語院の表記に基づいてユン・ソギョル氏としてきましたが、大統領自身が希望していることなどから、10日からユン・ソンニョル大統領と表記します」とだけ断って、一転した。就任時以前から「ユン・ソンニョル」表記を用いていたのは、産経新聞などごく一部である。

　もちろん、「ユン・ソンニョル」だけが「正しい」わけではなく、「ユン・ソクヨル」にも、「ユン・ソギョル」にも、それぞれそれなりの理由がある。事実、国立国語院の判断も揺れた。ただ、名前は本人の意向が尊重されるべきもので、まして「尹錫悦」は一国の国家元首である。それに「ふさわしい」呼び方、日本語での表記は、韓国語のプロフェッショナルとして各自、問われた事案だった。

ほかの例だと、「朴振（박진）」前外相の日本語表記は「パク・チン」で統一されていたが、聯合ニュース日本語版では「パク・ジン」となっていた。これも、姓名が続けて発音される場合は、「박찐」と濃音化されるし、姓と名が分けて発音される場合も、語頭の平音は無声音であるため、清音で表記するのが、音声学的には「正しい」。ただ、ローマ字表記は「Park Jin」であり、国際舞台では「パク・ジン」と呼ばれる場面のほうが多い。金泳三政権で英語の大統領通訳を務めた朴振自身、英語では [park ʤɪn] と一貫して名乗っている。唯一無二の「正解」が常に定まっているわけでは決してない。

「賊反荷杖」をめぐる論争

　韓国語のおよそ6割は漢字語で、日本語話者にとって学習上のアドバンテージになるのは間違いない。「사회（社会）」を覚えれば「회사（会社）」もついてくるのは、ありがたい。ただ、「工夫（공부）」のように日韓で意味が異なる（韓国語では「勉強」の意味）ものもあれば、「（날씨가）이상하다」のように「（天気が）異常である」と直訳すると意味が強すぎて、「変だ」「妙だ」くらいで訳すのがふさわしいものがある。なまじ同じにみえる分、より細心の注意が必要である。
　文在寅大統領は、2019年8月に日本政府が韓国を輸出管理上の「ホワイトリスト（優遇対象）」から外したことを受けて、「日本の不当な経済報復措置に対して相応の措置を講じる」としたうえで、「加害者の日本が賊反荷杖のように、むしろ大口をたたくような状況を決して座視しない」と非難した。わたしはライブ中継をYTN（ニュース専用チャンネル）で聴きながら「文大統領、日本の輸出管理措置を「盗人猛々しい」と非難」という趣旨のツイート（ポスト）をおこなった。すると、リツイート（リポスト）が繰り返され、瞬く間に拡散された。ほぼすべての日本メディアも同じ文言を用いた。唯一、異なっていたのが毎日新聞であり、「開き直って」という語を充てた。この発言に対して佐藤正久副外相は同日夜のテレビの討論番組で「品のない言葉まで使っているのは異常だ。無礼だ」と反発

し、韓国政府も応酬するなど、「賊反荷杖」の訳し方について韓国語クラスタのあいだで話題になった。

　毎日新聞ソウル支局長だった堀山明子（2019）は、コラムでこの問題をとりあげ、聯合ニュース日本語版は「居直って」と訳出し、韓国国営の「KTV国民放送」は後日、YouTubeで「賊反荷杖（過ちを犯した者がむしろ何の過ちもない人を責めること）」と日本語の字幕を付したことを紹介した。そのうえで、会議通訳のプロに取材をおこない、「非のある者が大口をたたく」という別の訳語の可能性も示し、「語感の強さ、品位、ともに日韓でニュアンスが大きく違う」点に注意を促している。

　たしかに、韓国社会では、この用語はそこここで多用され、国会の議場でも、会社や学校でも「過ちを省みない相手をたしなめる」意図が込められている。「盗人」という語の強さは感じられない。

　しかし、そもそもの語義は「賊がむしろ鞭を手にとり責め立てる」というもので、まさしく「盗人猛々しい」そのものである。しかも、この発言がおこなわれた文脈は、慰安婦問題や徴用工問題など歴史をめぐる対立が経済領域にまで波及し、日本の「輸出規制」措置に対して文大統領が自ら日本政府と安倍晋三首相を名宛人にして演説の最初から最後まで猛烈に非難したものである。一国の首脳が相手国の首脳を「外交的に」ではなく、「率直に」非難するという異例の「작심발언（作心発言）」だったということまで勘案すると、「居直り」では軽すぎで、「盗人猛々しい」こそ、大統領の「作心」「決意」、「覚悟のうえでの発言」を余すところなく伝えることができると思料される。会議通訳のプロは必ずしも外交のプロではないし、外交プロトコールに通じているわけでもない。

「真情性」とは何か

　文在寅大統領は慰安婦問題に関する日韓合意（2015年12月）を事実上反故にし、「心からおわびと反省（마음으로부터 사죄와 반성의 마음：most sincere apologies and remorse）」には「真情性（진정성）」がともなっておらず、「被害者中心主義」に反すると批判

した。

　この「真情性（진정성）」は「ある／ない（있다／없다）」とともに用いられる場合が多く、「진정성이 있는 사죄（真情性があるおわび）」を日本は求められるのだが、「真情（真心／誠意）」とは一体何なのか、常に問題になる。その直前の戦後70年談話（同年8月）も含めて、日本政府は「痛切な反省と心からのおわびの気持ち（통절한 반성과 진심어린 사죄의 마음：the feelings of deep remorse and heartfelt apology）」をなんども表明してきたが、韓国は「真情性がない」と繰り返してきた。こうしたなか、首相官邸だけでなく、一般国民のあいだでも広く「韓国疲れ（Korea fatigue）」が共有されるようになった。

　「진정성이 있는 사죄」を「誠意あるおわび」と訳出し理解する場合が少なくないが、おわびの場面で「誠意」というと、「金銭」の隠語であると短絡する向きがある。もちろん、日韓「慰安婦」合意では、韓国政府が設立する財団に対して「日本政府の予算で資金［10億円］を一括で拠出」（鍵括弧は筆者による補足註）し、「日韓両政府が協力し、全ての元慰安婦の方々の名誉と尊厳の回復、心の傷の癒やしのための事業を行うことと［した］」。事実、47名の元慰安婦のうち、36名は1億ウォンずつ受給した。歴史問題は日韓請求権協定（1965年）によって法的には「完全かつ最終的に解決」されている以上、これは、「法的責任」にともなう「個人賠償」ではないというのが日本政府の立場であるが、「右翼政治家」と韓国メディアに形容される安倍晋三首相としては、リスクを覚悟した政治的決断だったのは間違いない。

　それが反故にされたうえ、徴用工問題まで噴出し、日韓関係は「史上最悪」の危機に陥ったが、はたして、「真情性（진정성）」とは一体どういうことなのだろうか。安倍首相は慰安婦合意当日の夜、朴大統領に対する電話で「心が痛む（마음이 아프다）」という文言も盛り込んだ一方で、歴代首相がアジア女性基金のなかで発出してきた「おわびの手紙」を改めて発出するかと訊かれて、「毛頭も考えていない」と答えた。すると、聯合ニュースは文字どおりに「털끝만큼도 생각하지 않고 있다（毛の先ほども考えていない）」とすぐに

配信し、この表現で拡がった。日本語ではふつう、「毛頭も」は否定の強調にすぎないため、「전혀（まったく〜しない）」くらいが妥当だが、比喩が直訳されることで、「不必要に」ハレーションが大きくなった。

　韓国とすれば、いちど「心からおわびと反省」を表明しつつ、それを文書にすることを「毛頭も考えていない」というのは、「言動の一貫性がない（inconsistent）」と理解された。それこそが「真情性がない」ということである。逆に、日本では、「蒸し返された」となり、互いに齟齬だけが深まる結果になった。そもそも、「謝るとは何をすることなのか」（古谷 2023）に関する合意がなければ、文書をなんど取り交わしても、「最終的かつ不可逆的 [な] 解決」や「和解」につながらない。

██ 「おわび／사죄」の「使い分け」

　そもそも、「真情性」以上に「おわび」が曲者である。歴史問題についてどういう文言を用いるかをめぐって、日韓の政府間で激しい駆け引きが繰り広げられてきた。

　盧泰愚大統領が 1990 年 5 月に国賓として来日し、宮中晩餐会において天皇（現・上皇）は「我が国によってもたらされたこの不幸な時期に、貴国の人々が味わわれた苦しみを思い、私は痛惜の念を禁じえません」という「おことば」を述べた。「痛惜の念」は「통석의 염」と韓国メディアによってそのまま直訳されたが、ピンとこない人が多かったという。むしろ、宮内庁や外務省が率先して、韓国語仮訳を提示すべきだっただろう。当時、海部俊樹首相は日韓首脳会談のなかで、「謙虚に反省し、率直にお詫びする」と表明した。これ以降、「反省」と「お詫び／おわび」は鍵概念となり、外交文書に必ず盛り込まれるようになった。戦後 50 年談話（1995 年 8 月）の「痛切な反省の意」と「心からのお詫びの気持ち」や日韓パートナーシップ宣言（1998 年 10 月）の「痛切な反省と心からのお詫び」が一例である。当初「お詫び」の韓国語仮訳は「사과（謝過）」だったが、韓国側の要請で「사죄（謝罪）」を充てるようになり、こ

れ以降、慣行として完全に定着した。「謝過」より「謝罪」のほうが語意として強いのは明らかだが、「사죄」をバックトランスレーション（逆向きに翻訳すること）して「おわび」になるかどうかはケースバイケースだろう。

　こうした日本語・韓国語、それに英語のあいだで必ずしも含意が一致しない使い分け（trans-lingual negotiationと形容できよう）がおこなわれているのは、アジア女性基金の「償い事業」も同じである。韓国語では「보상사업（補償事業）」で「배상（賠償）」とは明確に区別されているが、英語ではAtonement Projectで、Atonementには「贖罪」という宗教的含意もある。これは、オランダ人慰安婦（スマラン事件）を念頭に置いたものである。

　このほかにも、英語では宗教的含意がある用語をあえて選択しているものとして、戦後70年談話（2015年8月）における「深い悔恨の念（deep repentance）」を挙げられる。これは、米国連邦議会上下両院合同会議における安倍晋三首相の演説（同年4月）でも用いられた。「誰（public）」とどのような「関係（relations）」を結ぼうとするのかによって、当然PR戦略は異なるし、「パブリック・ディプロマシー（日韓の外交当局は「広報文化外交」「공공외교（公共外交）」と異なる漢字語を充てている）」の要諦である「心と精神を勝ちとれる（winning hearts and minds）」かは、「ことば」だけでなく、ふるまい（たとえば、オバマ米国大統領が広島訪問時に元被爆者を抱擁した「一枚絵」）などによっても左右されるだろう（渡辺2011）。

　そもそも、日韓は国交正常化時に日本統治期（1910〜45年）の法的性格をめぐって「もはや無効（이미　무효：already null and void）」（日韓基本条約第2条）という「それぞれ都合よく解釈できる」文言でようやく妥結した（金恩貞2018）。外交交渉において、相手国政府と自国民との狭間で「ウィンセット（合意可能な領域）」をなんとか確保するうえで、こうした「使い分け」が技法として駆使されるのは珍しいことではない。

「全体として」の「韓国語仮訳」私案

　わたしは高校生の頃、外交官になるのが夢だった。共著者である奥奈津子氏をはじめ、首相の通訳官や天皇の通訳御用掛を務めた友人・知人が何名か外務省にいる。それもあって、誰が、どのように通訳しているのかは、日→韓、韓→日の双方向を動画で漏れなく確認し、わたしならどう通訳するかと自問する「趣味」がある。

　慰安婦問題以上に徴用工問題が「史上最悪の日韓関係」の元凶だったが、尹錫悦政権が成立し、韓国政府の責任で解決する「代位弁済」スキームを提示すると、日韓首脳会談が東京（2023年3月）・ソウル（同年5月）で相次いで開催され、「シャトル外交」が復活した。「呼応措置」をとることが期待されたが、当該日本企業は2024年4月現在、一切応じていないし、日本政府も「反省」や「おわび」に直接言及することなく、「1998年10月に発表された日韓共同宣言を含め、歴史認識問題に関する歴代内閣の立場を全体として引き継いでいる」という表現で一貫している。

　岸田文雄首相の訪韓時におこなわれた共同記者会見では、「全体として引き継いでいる」の箇所は「전체적으로 계승하고 있다（全体的に継承している）」とKTVでは同時通訳されていた。聯合ニュースも同じ用語で配信し、韓国社会では直訳調の訳語で定着しつつある。もちろん、同時通訳の場合は、直訳調になりがちで、これで十分、通じるし、違和感はまったくない。

　ただ、歴史問題に関する日本政府のワーディングは、明確な意思の下、このように変わった／変えた以上、むしろ自ら率先して「韓国語仮訳」として事実上の公定訳を提示すべきではなかったか。「おわび」を「사과」から「사죄」へと訳語を変えたからといって、「謝罪」とは決して言わなかったのと同じ要領で、「全体として」の骨子は維持しつつも、韓国国民の「心にすこしでもグッとくる」表現として、「온전히（穩全히）」を提案したい。国立国語院の辞書だと「본바탕 그대로 고스란히（物事の本質がそのまま、そっくりそのまま）」「잘못된 것이 없이 바르거나 옳게（誤りなく、正しく、まっとうに）」と説明されていて、「全体的に（전체적으로）」よりパブリ

ック・ディプロマシーの観点から「ふさわしい」のではないか。
「痛切な反省と心からのお詫び」は日韓共同宣言に明記されているが、「謝罪を続ける宿命」をこれ以上、日本国民に「背負わせてはならない」一方で、「過去の歴史に真正面から向き合」い、「謙虚な気持ちで、過去を受け継ぎ、未来へと引き渡す責任があ」（戦後70年談話）るとすると、「全体として引き継いでいる」の含意こそが問われている。英語表記も重要で、「in its entirety」を合わせて提案したい。

　首脳会談の場では、通常、通訳官は逐次で、自国語から相手国言語へと通訳する。当然、事前の徹底した準備が重要で、特に政治的に敏感な事項はこれまでのラインからズレないように細心の注意を払うし、新しいワーディングについては綿密な調整が求められる（田村・浅羽2016）。

教育実践例①：中上級をみすえた入門レベル教育

　こうした研究・分析をしながら、一方でわたしは大学での韓国語教育にも携わっている。

　第二外国語として「韓国語」を選択する学生が特に女子で増えているが、そのほとんどは卒業に必要な単位を取得するとそれ以上学習しようとはしない。学習動機も「旅行で少し使えればよい」という理由が多い。一方で、数は少ないが、同志社大学だとソウル・高麗・延世など韓国のトップ校に1年間留学に行き、なかには大学院に進学する学生もいる。この多様な学生に対して、入門レベルからどう教えるのか、毎日、悩み、教材や教授法を学び続けている。

　たとえば、「우리 사장님께서 지금 자리에 안 계세요.」という尊敬表現をどのように教えるかを例に挙げたい。韓国語では、自分より目上の人物に対しては、相手が誰であっても、必ず敬語を用いる。この例だと、主格を表す助詞が「이」ではなく「께서」であるし、存在詞「있다」の代わりに交代形「계시다」を用い、その해요体になっている。直訳すると、「わが社の社長はただいま席にいらっしゃいません」となる。このレベルの直訳ならば、機械翻訳でも十

分である。いや、「おられる」が尊敬語だと誤解している学生が少なくないため、速さはもとより、精度でも機械翻訳に劣る。

　人にしかできない翻訳、いや、この「わたし」にしかできない翻訳はどうあるべきか。そのために、入門レベルから、どこに留意して学習／教育するべきなのか。

　１年生を相手に、まず、日韓の敬語のありようの差を説明する。韓国語は絶対敬語であり、相手が社外の人であれ、社長のような目上の人に対しては常に敬語を用いる一方、日本語は相対敬語であり、相手が社外の人であれば、社内の人、ナカノヒトに対しては、たとえ自分が平社員であっても、一切、敬語を用いないということを対比する。前者が新出事項であるのは当然だが、Ｚ世代に対しては後者もいちいち確認する必要がある。Ｚ世代はネット文章やLINEになじんでいる分、改行時には冒頭を一文字分下げるなどといった、これまでのコミュニケーションのスタイルやインターフェイスが「普通（普く通じる）」ではないことをなんども痛感させられる。

　そのうえで、この場合、相対敬語だと、「弊社の社長はただいま席におりません」となるが、「席を外す」のほうが婉曲的でポライトだと説明を加え、「弊社の社長はただいま席を外しております」が日本語訳としては「ふさわしい」と納得してもらう。

　まずは、語彙や敬語表現について「正しく」直訳できるかが１段階目だが、それはAI翻訳が日進月歩の進歩を重ねるなかで、速さはもちろん、精度においても人が追いつかないレベルにすでに達している。２段階目が勝負どころで、日韓それぞれにおける敬語のありようの差を勘案し、かつ、「席にいない」ではなく「席を外す」という語を充てることで、ポライトネス戦略を含めた語用論的な「ふさわしさ」が問われている。ビジネスに限らず、「そのとき、その場所、その場面（TPO：Time, Place and Occasion）」で「通じるか」は、「人の間」をとりもつ「ことば」次第である。

　この例をひとつとってみても、入門レベルから中級、さらには上級につなげるべく、どう学ぶのかを大きく左右するのは教え方である。それだけ、教員、教授法、教材開発に課された使命は実に重い。

教育実践例②：「正しさ」＋「ふさわしさ」

　言語学プロパーではないにもかかわらず、試行錯誤しながら韓国語教育に携わっているわたしの実践過程から別の例を挙げる。

　「明日、自分に割く時間があるかどうか」を韓国語で訊ねたいとする。ふつう、存在詞「있다（いる）／없다（いない）」を尊敬表現にする場合、交代形「계시다（いらっしゃる）／안 계시다（いらっしらない）」を必ず用いるということをまず教える。実践例①がまさにそうである。ところが、「있다／없다」に尊敬の補助語幹「(으)시」をつける「있으시다／없으시다」という表現も存在する。この場合、「시간이 있으시다／없으시다」となり、相手の時間であるため、「お時間（시간）」という人以外が主語になった場合でも、敬意を表す表現になっている。ほかにも、「좋으셨지요？（よろしかったですね）」も、形容詞「좋다（よい）」に尊敬の補助語幹「(으)시」がついて、過去形になり、確認の語尾「지요」が続くかたちであるが、相手に何かよいことが起きたことを聞き及んだ際に、そう伝えることで、喜んでもらえることが多い。これは主語すら省略されているが、形容詞＋「(으)시」で、目の前にいる相手に対する敬意が込められている。ここまではスムーズに説明が進む。

　問題はこのあとだ。ほぼすべての学生は「내일 시간이 있으세요？（明日、お時間ありますか）」と作文してくる。もちろん、間違いではないし、「あるかどうか」を訊ねるのだから、ストレートにそう伝えるのが「正しい」とも言える。しかし、この質問の趣旨は、時間があったら、自分にいくらか割いてほしいというもので、依頼の成就を目的としたものである。それならば、それに「ふさわしい」コミュニケーション戦略をとるのが望ましい。依頼は、どれだけポライトに表現しても、本質的には命令であるということを踏まえると、相手を尊重する姿勢を当初より示すことが肝要である。

　それが「내일 시간이 없으세요？（明日、お時間ありませんか）」である。多忙な相手には本来、自分に割く時間などなく、しかも、前日、突然申し出ているわけである。「ない」ことを前提に伺うという姿勢をとるのがポライトで、相手としては自分の側に当然、決定

権があるという気がする。さらに、해요体だと確定的／断定的になってしまうため、語尾を改め、「내일 시간이 없으시지요？（明日、お時間ありませんでしょうか）」「내일 시간이 어떠신가요？（明日、お時間いかがでしょうか）」とすると、もっとポライトになる。この差を「取るに足らない」とスルーするのか、「ここまで細心の注意を払うのか」と重く受けとめるのかで、その後の韓国語の伸びはもちろん、日本語も含めた「ことば」に対するセンス、さらには「人の間」でのふるまい方も決定的に異なってくる。

　「～してください（해 주세요）」は言うに及ばず、「～していただけないでしょうか（안 해 주시겠어요？）」も、本質的には、「～しろ（해라）」に変わらない。どれだけポライトに伝えるのかはTPOに応じた選択だが、選択するには、「手持ちのカードをできるだけ多く事前に集めておくこと」がまず重要だし、瞬時に見極め、「ふさわしく切る」には、場数を直接的にも間接的にも増やすことが欠かせない。そのためには、ふだんから、日本語セカイでも、ピア・グループ（同輩の友人など）とだけ付き合うのではなく、「赤の他人」（学生のみなさんにとって、大学教員は教育的配慮が働くので該当しない）が自分のために動いてくれるには、最初、どうアプローチしないといけないのか、不断に見直すことが肝要である。

■ 「生きづらさ」を分かち合い、「心に他者を棲まわせる」

　ここまでは、わたしが研究者、大学教員として「韓国語」とどのように接しているのかについて、「プロフェッショナル 仕事の流儀」の一端を示したが、ここでは、肩書だ何だを全部脱ぎ捨てた、等身大のひとりの人として、韓国語セカイがあったおかげで、文字どおり「命拾いした」エピソードを紹介したい（毎日新聞インタビュー；朝鮮日報インタビュー；「Abema Prime」出演時の動画）。

　わたしは、「機能不全家庭」に生まれ、逆境の幼少期を過ごした。その「毒親」とは結婚を機に決別したはずだったが、執拗につきまとい、妄言を吐くようになったので、2020年11月から心療内科に通院している。さらに、職場で上司からのパワハラに遭い、うつ病

を患い、自死さえも頭をよぎる日々が続いた。そうしたなか、「慰め」を求め、いろんな本を読むなかで「出会った」のが、チョン・ヘシン（2021）とペク・セヒ（2020a；2020b）である。

精神科医であり、セウォル号事故など社会的トラウマの現場で臨床にあたってきたチョンは、「死にたい」「殺したい」という感情にもすべてそれなりの理由があり、「あなたは正しい（당신이 옳다）」と全面的に受けとめてくれた。自責の念でいっぱいで、医者でもないし、助言を依頼したわけでもないのに、あれこれ干渉してくる上司に苛まされていたわたしにとって、一筋の光を見た思いすらした。チョンは、医者であっても患者に対して「忠告・助言・評価・判断」をする前に、患者の「いま、ここ」の想いにまずは「共感」することが「癒やし／治療」の始まりであると説く。

ペクはうつ病の当事者で、「死にたいけどトッポッキは食べたい」、あるいは「トッポッキは食べたいけど死にたい」というアンビバレントな当事者の姿をそのまま示している。これも、「うつ状態というわりには元気そうね」というひと言に追い込まれたわたしにとって、「それな!!!」と連呼した。

わたしは、作家・漫画家・研究者を問わず、「これだ」と直感すると、「著作全点読み」をしてきたが、当然、チョンとペクについても、日本語に翻訳されていない韓国語のほかの著作はもちろん、トーク動画も貪るように耳を傾けた。特に動画は、声のトーンやリズム、語り方も含めて、グッとくるものがあり、「20年以上かけて韓国語を学んできたのは、このためだったんだ」と思うくらいだった。もちろん、それぞれの翻訳者はいずれも第一級の方々で、韓国語版と読み比べることで、気づかされることも多かった。

読書の醍醐味は、何語であれ、「いま・ここ」から、いっとき離れることと、登場人物のそれぞれに感情移入し、その人には世界はどう映っているのかを想像することにあるのではないか。日韓いずれもで「生きづらさ」を感じる「わたし」たちが、それぞれ固有の「いま・ここ」にいて、傍（そば）にいなくても、「分かち合い」、横に「つながる」ことはできる。「心に他者を棲まわせる」と、あの人ならどう考え、どうするだろうか、と自己内対話が始まる。

「人の間」をつなぐ「ことば」

　新型コロナが2023年5月に5類感染症に分類されるようになると、あれだけ強調された「ソーシャル・ディスタンス」がなかったかのように、社会が一転した。「やっと、マスクを外して、素顔で話せる」解放感はたしかにある。

　同時に、本来、「人の間」では常に、適切な距離を保つことが必要である。チョンが強調するように、医者や弁護士であっても患者やクライアントに対して「忠告・助言・評価・判断」をする前に、患者の「いま・ここ」の想いにまずは「共感」するというアプローチが求められているのではないか。教員や親も、学生・生徒・児童や子どもに対して、まずは「寄り添う」「ケアする」「尊重する」姿勢を示すことが切実である。その「人の間」をつないだり、分かつのが「ことば」である。

　「ことば」が余計な場合もある。『星の王子さま』で、キツネが最初、王子さまに対して、「最初は草の中で、こんな風に、おたがいちょっと離れて座る。おれはきみを目の隅で見るようにして、きみの方も何も言わない。言葉は誤解のもとだからね。」と語りかける。まだ「かけがえのない存在になっていない」間柄なのに、主観的には善意でも、あれこれ言うと、「言い過ぎ」になる。「ちょっと離れて座る」のも、パーソナルスペースの相互尊重において重要である。「なつける（仲よくなる：길들이다）」ためには、手塩をかけて「きづなをつくり」、互いに「特別な関係」になっていく過程、「手間暇」の積み重ねが欠かせない。

　もちろん、「みんな仲よく」なる必要はないし、「人の間」の関係に濃淡があるのは当然である。まったく関わらない人もいれば、仕事上の付き合いにとどまる人もいれば、かけがえのない人もいるだろう。むしろ、ほとんどは「仕事上の付き合い」ではないだろうか。だとすると、互いに何らかのキャパシティ（教員と学生など）において向き合っている以上、節度を守り、それに「ふさわしい」ふるまいを心がけることがプロフェッショナルな姿勢である。男女問わず、「さん」付けは当然だし、丁寧語で話す以外に、「昭和99年」な

らぬ「令和6年」、2024年において選択肢はない。「マスク」を被ることは「その役割を演じる」ということであるため、ポストコロナになろうとも、「ふさわしい台詞を読み上げ、ふるまう」ように、「仮面」を着用したまま教室に、それぞれの場に向かっている。

　「ことば」の「ふさわしさ」は常に変わりゆくため、「昭和のOSでは令和のアプリケーションは動かないどころかダウンロードすらできない」という心構えで、「スケールシフト」を各自、心がけるしかない。

　「ことば」は怖い。たったひと言で誰かを死の淵まで追い込むこともある。同時に、慰められ、命拾いすることもある。25年前、恩師の西川長夫先生から「浅羽さんは「ことばの人」なのでちょっと心配しています」と言われたことがある。「ことば」の過剰／過小の両方を危惧されてのご助言・ご遺言として深く胸に刻んでいる。その後、韓国語や英語、政治学や国際関係論という「セカイ」に分け入り、なんとか身を立てるところまで生き延びてきた。これからも、あいかわらず不器用ながら、「ことば」とともに、この「いま、ここ」で／をやりすごし、ときに誘われるままに、新しい「セカイ」を窓からのぞき込み、勇気と不安がない交ぜのまま扉を開けていきたい。

📖 参考文献

金恩貞（2018）『日韓国交正常化交渉の政治史』千倉書房

田中明彦（2000）『ワード・ポリティクス――グローバリゼーションの中の日本外交』筑摩書房

田村優輝・浅羽祐樹（2016）「ローコンテクスト社会で＜通訳する＞ということ――新潟県立大学「政治学入門」授業公開」「SYNODOS」ウェブサイト、2016年11月29日 https://synodos.jp/opinion/international/18619/

チョン・ヘシン（羅一慶訳）（2021）『あなたは正しい――自分を助け大切な人の心を癒す「共感」の力』飛鳥新社

辻野裕紀（2021）『形と形が出合うとき――現代韓国語の形態音韻論的研究』九州大学出版会

堀山明子（2019）「文大統領は「盗っ人たけだけしい」と言ったのか　プロ通訳と読み解いた」毎日新聞ウェブサイト、2019年8月7日 https://mainichi.jp/premier/politics/articles/20190806/pol/00m/010/003000c

古田徹也（2023）『謝罪論――謝るとは何をすることなのか』柏書房

ペク・セヒ（山口ミル訳）（2020a）『死にたいけどトッポッキは食べたい』光文社
ペク・セヒ（山口ミル訳）（2020b）『死にたいけどトッポッキは食べたい 2』光文社
渡辺靖（2011）『文化と外交——パブリック・ディプロマシーの時代』中公新書

毎日新聞とのインタビュー（2023 年 4 月 13 日）
    https://mainichi.jp/premier/politics/articles/20230411/pol/00m/010/011000c
朝鮮日報とのインタビュー（2023 年 5 月 6 日）
    https://www.chosun.com/international/japan/2023/05/06/ECJIOTGSNJCZF
    JDP6NE4M6ZBZA/
「Abema Prime」出演時の動画（2023 年 9 月 4 日）
    https://www.youtube.com/watch?v=j1RMafjewGM

국립국어원
    https://www.korean.go.kr/
KTB・국민방송
    https://www.youtube.com/user/chKTV520
네이버 국어사전
    https://ko.dict.naver.com/
세바시
    https://www.youtube.com/@sebasi15
YTN「LIVE」
    https://www.ytn.co.kr/_hd/hd_live.html

原文

日韓の首脳が形式にとらわれず、頻繁に訪問するシャトル外交の再開に一致をいたしました。（略）日韓両国が共に裨益するような協力を進めるべく、政治・経済・文化など多岐にわたる分野で政府間の意思疎通を強化していくこと等について、意見を交わしたいと思います。また、今朝の北朝鮮によるICBM級弾道ミサイルの発射は明白な挑発行為であり、到底看過はできません。こうした現下の厳しい戦略環境の下で、日韓、さらには日韓米の連携をさらに進めていくことについても議論をしたいと思います。

政府広報オンライン「日韓首脳会談等－令和5年3月16日」
https://www.gov-online.go.jp/prg/prg26409.html

中級

한일정상이 형식에 상관없이 서로 자주 왔다갔다 하는 셔틀외교를 재개하는 데 의견을 같이 했습니다. 한일양국이 서로 이익이 되도록 정치, 경제, 문화 등 많은 영역에서 정부간의 의사소통을 든든하게 만들어 나가는 것 등에 대해 말씀을 나눠 보고자 합니다. 또, 오늘 아침에 북한이 쏜 대륙간탄도미사일 발사는 명백히 도발 행위이기에 도저히 용납할 수 없습니다. 이러한 현재 전략 환경 속에서 한일, 더 나아가 한미일의 협력을 더 추진해 나가는 것에 대해서도 논의해 보려고 합니다.

上級

일한 정상이 형식에 구애 받지 않고 빈번하게 방문하는 셔틀외교 재개에 일치했습니다. 일한 양국이 모두에 이익이 될 만한 협력을 추진해 나가기 위해서 정치, 경제, 문화 등 다양한 분야에서 정부간 의사소통을 강화해 나가는 것 등에 대해 의견교환을 할 수 있으면 합니다. 또한, 오늘 아침에 북한의 ICBM급 탄도미사일 발사는 명백한 도발 행위며 도저히 간과할 수 없습니다. 이러한 오늘날 엄중한 전략 환경 하에 일한, 일한미 공조를 더더욱 추진해 나가는 데 대해서도 논의할 수 있으면 합니다.

ここで差がつく

　日韓両国は2023年、7回も首脳会談をおこないました。それだけ通訳官（通訳も担当する外交官）の活躍を目にし、耳で確かめることができます。これはその第1回目で、冒頭のカメラ撮りのシーンです。

　通訳官は自国首脳の発言を相手国言語に逐次で通訳します。それゆえ、「한일（韓日）」「한미일（韓米日）」ではなく、「일한（日韓）」「일한미（日韓米）」の順で、しかも「일한」は「이란」と絶対に連音化させません。

　メディアを通じて広く公開する冒頭の発言は特に、事前に徹底して準備された発言要領に沿っておこなわれていますので、即興で意訳（서로 자주 왔다갔다 한다）することは決してなく、むしろ直訳（빈번하게 방문한다）に徹します。

　北朝鮮による挑発はその後も続いており、深刻化していますが、「看過できない（간과할 수 없다）」を「容認できない（용납할 수 없다）」へと水準を上げてはいけません。ちなみに、外交用語で最高水準の批判は「最も強い表現で非難する（condemn in the strongest possible terms）」と決まっています。

　「したいと思います」の反復表現も、別の文脈では訳し分けしたり、「思います」を省略したりしたいところですが、「(으) 면 하다」で統一しています。「なにも足さない、なにも引かない。」というキャッチコピーがありますが、円熟の極みを感じさせます。

プロフェッショナルの流儀

　よい通訳（1章）・翻訳（2章）ほど、通訳者・翻訳者の存在が感じられないといいます。どこまでも黒子に徹することで、主役（発言者・原著者）がその言葉を話す／書くならば、どのように表すかを極限まで想像し、代わりに「演じる」のです。その分、事前の準備、仕込みに専念します。

　「オレがオレが」と自分が前に出ようとするのではなく、分をわきまえることで、むしろ「知る人ぞ知る人」がいます。

（浅羽祐樹）

109

原文

정부는 출범 이후부터 자유, 인권, 법치의 보편적 가치를 공유하는 국가들과 안보 협력과 첨단 기술 협력을 적극 추진해 왔습니다. 한미동맹은 보편적 가치로 맺어진 평화의 동맹이자 번영의 동맹입니다. 일본은 이제 우리와 보편적 가치를 공유하고 공동의 이익을 추구하는 파트너입니다.

한일 양국은 안보와 경제의 협력 파트너로서 미래지향적으로 협력하고 교류해 나가면서 세계의 평화와 번영에 함께 기여할 수 있는 것입니다.

대한민국 대통령실, "제78주년 광복절 경축식"
https://www.president.go.kr/president/speeches/mSgAkgfP

中級

現政権の発足後、政府は自由、人権、法治の普遍的価値を共有する国々と安全保障、先端技術での協力を積極的に進めてきました。韓米同盟は普遍的価値で結ばれた平和の同盟であり、繁栄の同盟です。日本はいまやわれわれと普遍的価値を共有し、共同の利益を追求するパートナーです。韓日両国は安保と経済の協力パートナーとして未来志向で協力・交流しながら、世界の平和と繁栄に共に寄与していけるのです。

(聯合ニュース日本語版の「「光復節」記念式典の尹錫悦大統領演説全文」2023年8月15日 https://jp.yna.co.kr/view/AJP20230815002200882)

上級

大統領就任以来、政府は自由・人権・法の支配という普遍的価値を共有する諸国と安全保障・先端技術における協力を積極的に推進してきました。韓米同盟は普遍的価値で結ばれた平和の同盟であり、繁栄の同盟です。日本はいまや我々と普遍的価値を共有し、共通の利益を追求するパートナーです。韓日両国は安保と経済の協力パートナーとして未来志向の姿勢で協力・交流していきながら、世界の平和と繁栄に共に貢献できるのです。

(「第78周年光復節」尹錫悦大統領演説、2023年8月15日)

ここで差がつく

　網掛けの箇所だけが異なります。大差ないって？とんでもない！

　「政権」と「政府」は概念的には明らかに異なるのですが、日本語セカイでは「岸田政権」「岸田内閣」はあっても、「岸田政府」はありません。「現政権の発足後」より「大統領就任以来」あるいは「政権交代以来」のほうが、日本語読者に（も）宛てた演説としてはふさわしいでしょう。

　「普遍的価値」の例示として「自由」「人権」「法治／法の支配（rule of law）」が挙げられていますので、並置は「・」で表し、万能のようで曖昧な「の」ではなく、「という」としたいところです。英語版ではrule of lawになっている「法治」は「法の支配」が定訳です。「法治」だとrule by lawという別物を想起させます。

　漢字語の「推進」「共同」「寄与」は、訓読みのようにするか、別の語を充てるならば、「共通（common）」「貢献（contribute）」でしょう。特に「共通」の利益や価値観は、2015年版の外交青書以来、日本側文書では消えて久しいなか、「パートナー」と合わせて、韓国側からの「呼びかけ」なのです。

　「していく」／「する」か、「交流・協力」は原文も「連用形＋나가다」ですので前者、「寄与／貢献」は「現在連体形＋것이다」ですので後者が良いでしょう。「未来志向（の姿勢）で（미래지향적으로）」「積極的に（적극）」の「的（적）」は常に取扱注意です。

　「我々」を開く（ひらがな表記にする）かも悩みどころです。

プロフェッショナルの流儀

　漢字語の共有は、日本語話者にとって韓国語を学習する際のアドバンテージであると同時に、「足枷」にもなります。「日韓対照言語学」（10章）という視座からは、似ていると思って舐めてかかると痛い目に遭います。たとえば「専攻医（전공의）」という直訳ではなく、「レジデント（研修医）」という専門用語が定着しています。

　逆説的ですが、プロこそ自分のドメイン（専門分野）を自覚し、他分野や「他者」に対して畏怖心を常に抱きつつ、臨んでいます。

（浅羽祐樹）

111

第 **2** 部

6

木下瞳（기노시타 히토미）

現職：総合研究大学院大学 博士後期課程

●好きな韓国語「그럴 수 있지」

日本語にすると、「そういうこともあるよね」。何か失敗してもこの言葉が頭のなかに浮かんできて、勝手に「まあ、いいか」と思えるようになる。自分の行動も相手の行動もポジティブに、寛容に捉えられる言葉で気に入っている。

●韓国語の学習方法

【中級のころにやっていたこと】

・留学中に、いろいろな科目を「韓国語で」学び、発表し、試験を受けたことがちからになった。要は自分に試練を課して、学ばざるをえない環境に身をおくことと、目の前にある課題をおろそかにせず、一生懸命取り組むことが大事。多様なテーマについて韓国語で読んだり、聞いたり、自分の意見を話したりする練習をしっかりするとよいと思う。

【今つづけていること】

・韓国語のメディアから情報を得るようにしたり、他の外国語を韓国語の教材や動画で勉強したりしている。教育に力を入れている韓国だからこそのメリットをいかして、勉強の仕方や教材などの情報は韓国語で取りにいくようにしている。

キーワード

楽しさ 学習ストラテジー 第二言語

アイデンティティ 学習スイッチ

ここがポイント

・語学学習の研究からわかる韓国語の学習法

・韓国語を習得するためのストラテジー（戦略）の立て方

・学習スイッチはどこにある？

韓国語の「楽しさ」を見つけるための学習方法を考える

木下瞳（総合研究大学院大学 博士後期課程）

語学をつづけるためには？

　私は語学学習が好きで、学生のころから今までいろいろな語学学習を試みてきた。そのなかには韓国語のように現在まで続いているものもあれば、文字だけ覚えてやめてしまったものもある。文字だけでやめたものは、最初は文字への興味から学習を始めたものの、今後の必要性が感じられず、文字を覚えた時点で学習の動機がなくなったからだと思われる。学習を継続するには、学習自体の「楽しさ」だけでなく、ある程度の「必要性」も大事であることがわかる。よく「語学の向き・不向き」が問われるが、語学学習は、何か学習の動機（必要性または／かつ学習自体の楽しさ）があり、自分に合った適切な方法で続けさえすれば、誰でも可能であると思っている。もちろん、これらを何年も続けるには、それなりの動機づけと忍耐力、そして継続の工夫が必要である。私が英語以外でイチから初めて学んだ外国語は韓国語であるが、ある程度使えるまでに何年もかかった。しかしそのような試行錯誤があったからこそ、自分に合った学習スタイルを見つけることができ、学習を継続できたのではないかと思う。語学学習は地道で長い道のりだと感じるかもしれないが、習得した先にはたくさんの楽しみやチャンスが待っている。そのため、やみくもに「自分にはできない、向いていない」と諦めるのはもったいない。

　私が語学学習継続のポイントと考えているのは、「動機づけ」と「学習方法」である。そのなかで特に「学習方法」は、自分ひとりで模索することが難しい。そこで本章では、イチ学習者としての私の

117

学習経験や、さまざまな「学習方法」の例を体系的に紹介することを通して、より自分に合った学習法について考えるヒントを提示できればと考えている。まずは多様な方法を知って選択肢を広げ、そのなかから新しい方法を積極的に試してみることが重要である。そして最後には、私が韓国語を習得してよかったことや、チャンスが広がった経験について述べたい。同じ韓国語学習者として、私の話が少しでもみなさんの「学習方法」のヒントとなり「動機づけ」になればうれしい。

高校から大学院まで韓国語を学んでみて

韓国語を始めたころ（初級〜中級）

　私が初めて韓国語に興味を持ったのは高校生のときである。ちょうどそのころ第2次韓流ブームが起こり、韓国の音楽に興味を持った私は、韓国の歌を歌えるようになりたいという動機から韓国語の学習を始めることにした。私にとって外国語を自ら学習しようと思ったのは初めてで、最初に勉強を始めたときは、ハングルを覚えるのが楽しく、暗号を解読しているようなワクワク感があった。高校2年生のときに、初めての海外旅行で母と韓国に行ったときは、まだ文字と少しの単語しか知らなかったが、駅の地名や看板などが読め、道案内の役に立てたことがうれしかったのを覚えている。そこからより韓国語への興味が高まり、大学では韓国語を専攻したいと思うようになった。

　進学後は、大学の授業はもちろん、検定試験の勉強も同時に行った。私にとって、「検定○級合格」という明確で手に届きそうな「目標地点」が常にあることは、モチベーション維持に最適だったからである。これは現在の言語学習においても変わらない。このように検定試験の勉強をしたことで語彙が自然と増え、授業に余裕ができて、さらにやる気が出るという好循環が生まれた。しかし、本とノ

ートで勉強するスタイルの私はリスニングがまったくできなかった。教科書についている音声を聞いて勉強するという発想すらなく、周りの友人たちがドラマやアイドルの動画から韓国語を習得しているのを見て不思議に思った。私も何度かドラマを見て試してみたが、意味のわからない音を聞き続けるのは私にとって苦痛で、なにより、何かが身についているという感覚がまったくなかった。私はやはり文字を目で見なければ覚えられないタイプのようで、人によって学習の仕方はさまざまだと感じた。

　そんな私が、リスニング対策でいちばん効果を感じたのが「ディクテーション」である。ディクテーションとは音声を聞いて書きとりをすることであるが、韓国語は発音の変化が多く、文字と聞こえてくる音に乖離があるため、それらをマッチングするディクテーションは最適な学習法であった。私は前田真彦先生の4色ボールペンディクテーションの教材（前田 2013）を使って練習し、音の変化が聞きとれるまで何度も繰り返した。そして、もうひとつ効果があったのは「シャドーイング」である。シャドーイングは音声の少しあとに影のようについて発音していくことであるが、ただ音に集中して発音を真似するだけでなく、音声が読まれるのと同じ方向に、同じスピードで、意味を頭のなかで想起していくことが重要である。この練習は慣れるまでは根気がいるが、意味と音を素早くマッチする練習ができるため、きわめて効果的である。

もう一歩先へ（中級～上級）

　初級での学習との違いは、「韓国語を」学ぶのではなく、「韓国語で」学ぶことである。大学3年次に1年間韓国留学をしたが、留学中は、韓国語での授業、試験、発表など、負荷の高い課題が日々課された。しかしそれらを強制的におこなわざるをえない環境に身を置けたことは、韓国語得において大変効果的であった。また、韓国文化やほかの専門科目について韓国語で学ぶことは楽しく、大きなモチベーションとなった。ただ私はスピーキングが苦手であり、韓国語での発表や韓国人とのグループ学習で意見することに対して、

精神的に大きなストレスを感じていた。日本での私の発表といえば、原稿をそのまま読み上げるか丸暗記するかで、上手な発表からはほど遠かったからである。そんなある日、留学生用の授業で発表することになったが、その発表ではなんと、スライドに文字禁止、メモ持ち込み禁止というルールがあった。いざというときメモに頼っていた私は、本番どうなるかと思ったが、緊張のなか無事発表を終えることができた。この発表のために私が練習した方法は、発表スライドの画像と話す内容をひとつずつ結びつけ、画像を見たら韓国語がすらすら出てくるようになるまでひたすら繰り返すというもの。それ以降、発表に備えるときは、本番同様スライドだけを見てすらすら話せるよう繰り返し練習している。この経験から、やはり「方法」を知ることは重要であり、それが余裕や自信、さらなる向上心につながるということを体感した。

　言葉に自信がないうちは、発表だけでなく、もちろん対人でのコミュニケーションも苦手である。世間では、会話力を伸ばすために、とにかくネイティブとたくさん話すことをよしとする風潮があるが、私にはあまり合わない方法であった。なぜなら、ネイティブと一緒にいるとほとんど聞き役になってしまい、ますます自信がなくなるからである。代わりに私は、自分と似たレベルの学習者を相手に、気兼ねなくたくさんアウトプットすることにした。そうすることで、少しずつ自信をつけながら会話力を伸ばすことができた。ネイティブとの会話はまだハードルが高いと感じる場合は、このように小さなステップから始めてみることをおすすめしたい。

　大学卒業後は、より韓国語の専門知識を身につけるため、韓国の大学院に進学した。大学院では論文執筆や研究発表など、より高度な内容の理解とアウトプットが求められた。また院生や指導教授への言葉づかいやふるまい方など、韓国語の使い方により気を配る部分が多くなった。最初は失言を恐れ、話しかけるのに勇気がいったが、周りの院生の話す言葉をよく聞きながら、状況や相手に応じた言葉の使い方を少しずつ習得することで次第に慣れることができた。

　このように私は長年韓国語を学習してきたが、その過程で私がもっとも興味を持ち、今後も探求を続けたいと感じたのは、「韓国語」

そのものではなく、韓国語の「学習方法」である。どのようにしたら効果的に語学力を身につけられるのか、同じ環境でも語学の習得に成功する人と失敗する人の違いはどこにあるのか、音から習得する人はどのように学んでいるのかなど、語学学習にはまだまだ未解明でおもしろいところがたくさんある。今では韓国語を教える立場として、日々学習者と接しているが、あるときふと、彼ら・彼女らが一体どのように韓国語を勉強しているのか知りたいと思うようになった。そこで学習者に調査をおこない、そこから効果的な学習方法について自分なりに考えてみることにした。

韓国語を習得するためのストラテジー（戦略）

よりカンタンに、楽しく、効率的に

　語学学習の際に、覚えられない単語を何度も書いたり、単語を語呂合わせで覚えたり、目標に向けて学習の計画を立てたりすることがあるが、これらは「学習ストラテジー」と呼ばれている。つまり、語学をよりカンタンに、楽しく、効率的に学習するための戦略、方法のことである（Oxford 1990）。Oxfordによると、第二言語習得において学習ストラテジーは、言語学習の成功を左右する重要な要因のひとつであると言われている。そして優れた学習者はそうでない学習者に比べ、多様な学習ストラテジーを頻繁に使用していることがわかっている。学習には多様な要因、たとえば年齢、性格、性別、学習適性、学習動機などが関わっているが、これらのほとんどは先天的なもので、変えるのが難しいとされている。一方、学習ストラテジーは後天的なものであるため、教師の指導や訓練を通して習得が可能であり、学習ストラテジーのトレーニングは自律学習に役立つことが指摘されている（Ellis 1997）。したがって、「語学の勉強を始めてもすぐ挫折してやめてしまう」「自分は語学に向いていない」と思っている人は、学習ストラテジーについて知り、自分の

学習方法を少し見直してみるだけでも、何か学習のヒントを得られる可能性がある。また「中級止まりでなかなか上級に上がれない」という人も、学習者の使用するストラテジーをレベル別に比較してみると、上級レベルに必要なものが何かわかるかもしれない。これまでの研究から、習熟度の高い学習者の使用するストラテジーを、そうでない学習者に適用することでよい効果を得た研究が多くおこなわれている。私自身、語学の上級者が使用する学習方法を試して、学習が上手くいった経験が何度もある。このようにすでに成功している人のやり方を真似することは、効果的な方法のひとつであるといえる。

　学習ストラテジーは次の図のとおり、まず大きく「直接ストラテジー」と「間接ストラテジー」に分けられる。さらに「直接ストラテジー」は「記憶ストラテジー」「認知ストラテジー」「補償ストラテジー」に、「間接ストラテジー」は「メタ認知ストラテジー」「情意ストラテジー」「社会的ストラテジー」に細分化される。それぞれ具体的な内容については図を参照されたい。

　このような学習ストラテジーの使用状況を調査するものには「SILL (Strategy inventory for Language Learning)」という質問紙があ

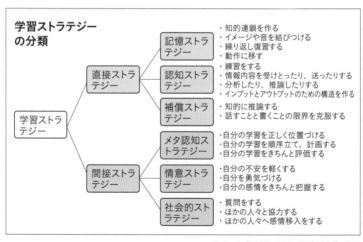

Oxford（1990, 穴戸・伴訳1994）参照

る。私がおこなった調査では、これを韓国語学習者用に修正[1]したものを使用した。質問紙には、6つのストラテジーについての全部で50の質問があり、それぞれに対して「5.非常にそうだ」から「1.まったくそうではない」までの5段階評価で回答する形式となっている。質問紙の項目は次のとおりである。

No.	カテゴリー	項目
1	Part A	新単語や表現を学習するとき、すでに知っているものと関連させる。
2	記憶ストラテジー【効果的に記憶する】	新単語を記憶しやすくするために文章のなかに入れて使ってみる。
3		新単語の発音を記憶するために単語のイメージや絵と関連させる。
4		新単語を使うことができる状況を頭に描きながら覚える。
5		音韻の関係を利用し新単語を覚える。
6		フラッシュカードを利用して新単語を覚える。
7		新単語を体で表現してみる。
8		授業をよく復習する。
9		新単語や表現を最初に見たときの場所を思い浮かべながら覚える。
10	Part B	新単語を3〜4回言ったり書いたりしてみる。
11	認知ストラテジー【認知過程を利用する】	ネイティブのように話そうと努力する。
12		発音練習をする。
13		知っている単語をいろいろな方法で使ってみる。
14		友人や先生に自分から韓国語で話しかける。
15		韓国語で放送されるテレビ番組や映画を見る。
16		興味、関心を持って韓国語を読む。
17		メモ、メッセージ、手紙、日記などを韓国語で書いてみる。
18		韓国語を読むとき、最初にさっとすばやくひととおり読んだあとで、もういちど始めに戻ってじっくり読む。
19		新単語と発音が似ている母国語を探してみる。
20		韓国語の規則や特徴を探してみようと努力する。
21		知らない単語は、自分が知っている部分に分けて全体の意味を推測する。
22		単語ひとつひとつを母国語に一対一で対応させて翻訳しようとはしない。
23		韓国語で聞いたり読んだりした内容を要約する。

---

[1] 손성희 (2011) 参照。

24	Part C	知らない単語を理解するために推測してみる。
25	補償ストラテジー	韓国語で会話中に単語が思い出せないとき、ジェスチャーを使う。
26	【知識不足を補う】	韓国語でぴったり当てはまる言葉が思いつかないとき、単語を新しくつくってみる。
27		韓国語を読むとき、わからない単語をすべて調べながら読むことはしない。
28		ほかの人が韓国語を話しているとき、次にどんな言葉を言うか推測しながら聞く。
29		単語が思い出せないときは、同じ意味を持つほかの単語や表現を使う。
30	Part D	韓国語で話すためのできるだけ多くの方法を見つけようと努力する。
31	メタ認知ストラテジー	自分の韓国語の間違いを自覚し、それを新しいことを学ぶ機会だと考える。
32	【自分の学習を管理し評価する】	ほかの人が韓国語で話をするとき、集中して聞く。
33		韓国語をより効果的に学習する方法を見つけようと努力する。
34		韓国語学習に十分な時間をかけられるように時間割りを考える。
35		韓国語で話しかけることができる人を探す。
36		できる限り韓国語を読む機会を増やすようにする。
37		韓国語能力を向上させなければならない明確な目標がある。
38		韓国語の学習進度、過程について考える。
39	Part E	韓国語で話すことが不安になるたびに心を落ち着かせようと努力する。
40	情意的ストラテジー	間違えることが不安でも、韓国語で話してみようと自分自身を励ます。
41	【感情をコントロールする】	韓国語がうまくできたときは、自分自身をほめる。
42		韓国語を勉強したり使ったりしているときの自分の感情を考えてみる。
43		韓国語学習日記に感じたことを書く。
44		韓国語を学習するときの気持ちについてほかの人に話してみる。
45	Part F	韓国語をよく聞きとれなかったとき、もういちどゆっくり話してもらうように頼む。
46	社会的ストラテジー	韓国語を話すとき、間違えた部分を直してもらうようにネイティブに頼む。
47	【ほかの人と学習する】	ほかの学習者と一緒に韓国語を練習する。
48		ネイティブに助けを求める。
49		韓国語で質問をする。
50		韓国の文化を学ぼうと努力する。

調査は、2018 年に大学で韓国語の授業を履修している、初級クラス 35 人（学習期間約半年）、中級クラス 14 人（学習期間約 1 年半）、上級クラス 10 人（学習期間 2 年以上）の大学生を対象とし、各レベルによる比較をおこなった。

初級・中級・上級で学び方が違う？

　調査の結果、初級者、中級者、上級者全体の使用する学習ストラテジーの平均は下のグラフのとおりであった。グラフの数値は、「5．非常にそうだ（5 point）」から「1．まったくそうではない（1 point）」の各項目の合計平均を出したもので、50 項目×5 段階評価＝最大 250 point となっている。

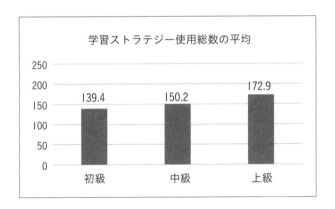

　このように、初級、中級、上級とレベルが上がるほど学習ストラテジーを多用していることがわかる。初級学習者は学習を始めて約半年しか経っていないため、使用できるストラテジーが限られていると推測される。よって、韓国語レベルの向上とともに、多様なストラテジーを学習に取り入れることで、より効果的な学習をおこなえる可能性があると言える。
　次に、学習ストラテジー別の使用頻度を比較した結果は、次のグラフのとおりである。

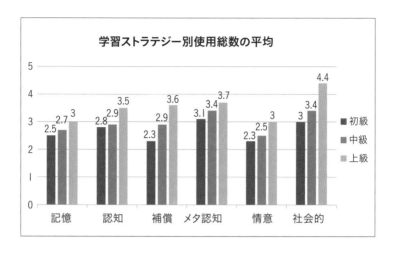

グラフ：学習ストラテジー別使用総数の平均

凡例：初級、中級、上級

	記憶	認知	補償	メタ認知	情意	社会的
初級	2.5	2.8	2.3	3.1	2.3	3
中級	2.7	2.9	2.9	3.4	2.5	3.4
上級	3	3.5	3.6	3.7	3	4.4

　Oxford（1990）によると、SILL質問紙 の得点で、平均が5点満点中3.5以上であれば通常よく使用されているストラテジーであり、3.5未満であれば高める訓練が必要なストラテジーとされている。結果を見ると、今回の調査対象者は、初級と中級においてすべてのストラテジーが3.5未満であり、今後指導が必要であると言える。しかし、メタ認知ストラテジーと社会的ストラテジーは、初級から上級まで、比較的頻繁に使用されていることがわかる。

　レベル別に違いが大きいものを見ると、補償ストラテジーと社会的ストラテジーが挙げられる。レベルが上がるほどこれらが頻繁に使用される理由としては、韓国語能力が上がることで、わからない言葉をほかの言葉に置き換えたり、ネイティブスピーカーに質問したりするなどのストラテジーを使用しやすくなるためであると考えられる。また上級者は社会的ストラテジーの使用頻度が著しく高く、認知ストラテジー、補償ストラテジー、メタ認知ストラテジーの使用頻度も平均が3.5以上と、多様なストラテジーを頻繁に使用している。

　このように、学習ストラテジーは韓国語の学習レベルと関連性があり、上級レベルになるにつれて、多様なストラテジーをバランスよく使用していることがわかる。

次の表は、学習者の使用するストラテジーをより具体的に示したものである。表にはレベルごとに上位5位まで記載し、各レベルに特徴的なストラテジーについては色をつけて強調している。

初級者使用ストラテジー上位5位

順位	種類	使用ストラテジー
1	認知	新単語を3〜4回言ったり書いたりしてみる。
2	社会的	韓国の文化を学ぼうと努力する。
3	メタ認知	自分の韓国語の間違いを自覚し、それを新しいことを学ぶ機会だと考える。
4	メタ認知	ほかの人が韓国語で話をするとき、集中して聞く。
5	認知	発音練習をする。

中級者使用ストラテジー上位5位

順位	種類	使用ストラテジー
1	社会的	韓国の文化を学ぼうと努力する。
2	メタ認知	ほかの人が韓国語で話をするとき、集中して聞く。
3	認知	韓国語で放送されるテレビ番組や映画を見る。
4	メタ認知	自分の韓国語の間違いを自覚し、それを新しいことを学ぶ機会だと考える。
5	認知	興味、関心を持って韓国語を読む。

上級者使用ストラテジー上位5位

順位	種類	使用ストラテジー
1	メタ認知	ほかの人が韓国語で話をするとき、集中して聞く。
2	社会的	韓国の文化を学ぼうと努力する。
3	社会的	ネイティブに助けを求める。
4	認知	興味、関心を持って韓国語を読む。
	認知	メモ、メッセージ、手紙、日記などを韓国語で書いてみる。
	補償	単語が思い出せないときは、同じ意味を持つほかの単語や表現を使う。
	社会的	韓国語をよく聞きとれなかったとき、もういちどゆっくり話してもらうように頼む。
	社会的	韓国語で質問をする。

レベル別に表を比較すると、初級から上級まで「韓国の文化を学ぼうとする（社会的）」がいずれも上位1・2位に入っており、ほかにも「韓国語で放送されるテレビ番組や映画を見る（認知）」、「興味、関心を持って韓国語を読む（認知）」などが上位に含まれている。このことから、学習者がレベルを問わず韓国文化や韓国語に高い関心を持っていることがわかる。レベル別の違いを見ると、初級では単語の読み書きや発音練習など単純な暗記ストラテジーを頻繁に使用しているが、中級ではテレビ番組や映画などの生教材を積極的に学習に取り入れていることがわかった。そして上級では「ネイティブに助けを求める（社会的）」「わからない言葉をほかの言葉で言い換える（補償）」「聞きとれなかった言葉をもういちど言ってもらう（社会的）」など、社会的ストラテジーや補償ストラテジーを頻繁に使用しているという特徴があった。このように上級者は、初・中級者に比べて実践の場で柔軟に対応できるストラテジーを多く身につけている。そのため、上級を目指す学習者は、これらのストラテジーを取り入れ、強化することで効果的な学習を促進できる可能性があると考えられる。

　これらの調査結果は、自分の目指すレベルに到達するにはどのようなストラテジーを使いこなす必要があるのか考えるヒントになる。たとえば、現在中級で、上級に上がりたい場合、中級者は使用していないが、上級者は使用しているストラテジーに注目することで、上級へのヒントが見つかるかもしれない。

山口県立大学における取り組み

　山口県立大学では、さきほどの調査で得た結果や学習ストラテジーについての知識を韓国語指導（韓国語能力試験（TOPIK）対策）に取り入れるようにしている。この授業は毎週学習者と過去問を一緒に解いていくスタイルであるが、授業の初めには必ず単語テストをするようにしている。テストの範囲は事前に知らせておき、そのなかからランダムで出題する形式である。韓国語に苦手意識がある学習者や、何から手をつけたらよいかわからないという学習者は、

このような日々の小テストから地道に取り組んでいくのが効果的であると考える。小テストは範囲が決まっており、勉強すれば確実に満点が狙えて、「できた」という感覚を積み上げていくことが可能だからである。実際、韓国語がそれほど得意ではなかった学習者が、小テストで毎回満点近くをとり、少しずつ実力と自信を身につけた事例がいくつもある。そのような学習者は、私にとっては「韓国語が苦手、向いていない」学習者ではなく、これまで「学習方法がわからなかっただけ」であると思っている。そのため、そのような学習者にはいつも、前向きな声がけをし、確実に「できる」ことから提示するように心がけている。

　ほかにも、授業では学習者が使用できるストラテジーを積極的に取り入れるようにしている。たとえば、新しい語彙を覚えるとき、漢字語彙であれば漢字表記とリンクさせて覚えさせる、好きなドラマのセリフや音楽の歌詞に出てきたものであれば、それらと結びつけて覚えさせるなどである。このように、授業では学習のさまざまなところに学習ストラテジーを取り入れ、学習者が学びやすい環境づくりを心がけている。

韓国語学習（外国語学習）でひらけたセカイ

　最後に私が韓国語学習（そのほかの語学学習含め）で開けたセカイについて述べたい。そうすることでより多くの人が語学の楽しさを見つけ、学習を続けるきっかけになればうれしい。

アクセスできる範囲やチャンスが広がる

　韓国語を習得すると、まず韓国語のサイトや書籍、教材、ニュース、動画などさまざまなものにアクセスできるようになる。言語を習得すればするほど、自分のアクセスできる範囲が増え、得られる情報の量や楽しみの選択肢も比例して増えることになる。特に、そ

の国が得意とする分野にアクセスできるのは大変有益である。たとえば、韓国は教育熱が高く、勉強方法に関する情報やインターネット講義、語学教材などが非常に充実している。そのため、当時の私はよく韓国の教材を使って勉強をおこなっていた。そうすることで韓国語も同時に勉強になり一石二鳥である。このように、日本が得意な分野では日本のものを活用し、韓国が得意な分野では韓国のものを活用するというように、各国のよいところをそれぞれ取り入れることが可能である。

　また語学を身につけると、思わぬところでチャンスをつかむことができる。私は大学院生のころ、趣味で続けていた中国語のおかげで中国の語学研修に参加できる機会が訪れた。そして、その研修先で韓国人の方と知り合い、偶然にも日本語教師の仕事の話に接した。さらには、私が韓国語を専攻しているということで、日本語だけでなく韓国語の授業も担当する機会を得た。

　現在勉強している語学が将来何の役に立つかわからなくても、中途半端にやめるのではなく、ある程度使える状態まで続けておくことが重要である。そうすることでチャンスがきたときにすぐつかむこと可能だからである。

アイデンティティ・自信になる

　私は今まで特に「自分といえばこれ」と自信をもって言えるようなものはなかった。しかし、韓国語をある程度習得してからは、自分は頑張ってひとつの語学を身につけたという自信がつき、「私には韓国語がある」というアイデンティティのひとつとなった。語学でなくても何かひとつ継続してやり切ったことがあるというのは大きな自信になり、次に挑戦していくちからとなる。現代はSNSやメディアなどで簡単に他人と比べられる時代となり、自己肯定感が低くなりやすい世の中であると感じる。私は語学学習の経験があったことで精神的に救われるときが意外にも多かった。もし今自分に自信がない人がいたら、自分の好きな国の言葉を習得して、アイデンティティのひとつとして持つことをおすすめしたい。そして、日本が

窮屈に感じたときには、「逃げ場」として外に出てみたり、外国語を使って、もうひとつのアイデンティティを楽しんでみたりするのもよい方法であると思う。

ほかの外国語学習も有利に

　何かひとつでも外国語を習得すると、それに関する知識や技術が増えるため、次の外国語学習が有利になるという利点がある。たとえば日本語しか知らない状態で韓国語を学習するよりも、日本語と中国語がわかる状態で学習するほうが、理解や習得は断然速い。語学を複数習得するのは大変だと思うかもしれないが、もっとも大変なのは最初の一つ目であって、一つ目がある程度できれば、二つ目、三つ目も同じような方法で取り組むことができる。また、二つ目以降の学習では、それまで学んだ外国語の発音・語彙・文法の知識を総動員して学ぶことができるため、学習への負荷はむしろ少なくなると言える。ただこのとき大事なのは、複数の言語を中途半端に進めるのではなく、これと決めたひとつを最後までやり切ることで、自分の学習スタイルをまず確立することである。もちろん個人差があるため、全員に当てはまる方法とは言えないが、いま学習に行き詰っている人には、参考になるかもしれない。

将来やりたいことにつながる

　私は韓国語学習を通じて、外国語の学習法や習得過程に興味を持つことができたため、韓国語に出会えてよかったと思っている。語学学習を通じて通訳者や翻訳者、教師、旅行業界、物流業界など語学で活躍できる仕事は多岐にわたる。将来やりたいことが見つからず悩んでいる人や、趣味や特技がまだ見つからないという人にはぜひ語学学習をおすすめしたい。

「私」だけの「学習スイッチ」

　語学学習のプロセスにはまだまだ未知な部分が多くあり、私にとって魅力的な分野である。学習する「言語」自体もおもしろいが、私にとって、それを学習する「人間」の要素はさらに多様で複雑で、興味深い。語学学習は、上のレベルにいけばいくほど終わりがないように思える。何年もかけて習得した韓国語も、まだ自信があるとは言えない。効果的な学習方法や自分自身のコントロールの仕方についてもさらなる探求が必要である。しかし、だからこそ、語学学習はおもしろいと感じる。

　最後に、今、韓国語学習につまずいて、「自分に語学は向いていない」と思っている人へ、昨年、私の研究室に訪ねてきた学生の話をして終わりたい。彼女は当時大学2年生で、韓国語の授業を2年間受けていたにもかかわらず、助詞の「が（이/가）」も知らない状態であった。韓国にもまったく興味がなく、韓国語の授業がわからないのでなるべく避けてきたらしい。しかし大学のカリキュラム上、韓国語の授業をある程度履修しなければ卒業単位が足りないため、私のところに相談に来たという。そこで私は、一緒にイチから勉強してみることを提案したところ、意外にも快諾してくれた。それから2年間毎週（長期休みまで）私のところに通い続け、1年生の教科書をひととおり終わらせたあと、先日、見事ハングル検定5級に、筆記・聴解ともに90点以上で合格することができた。今はハングル検定4級を目指して頑張っているが、2年前には考えられなかったことである。

　このように、学習のスイッチが入るきっかけやタイミングは人それぞれである。語学に苦手意識がある人でも、何かをきっかけに興味を持ち、やり方さえつかめば、いくらでも習得の可能性はある。そして、語学学習の過程で体感する、「自分にもやればできる」という感覚や、小さな成功体験の積み重ねこそが、今後どこかでつまずいたとき、それでも挑戦しようと思えるちからになる。語学学習は、

そのような経験を得るのに最適なツールであると私は考える。今後みなさんが、韓国語学習を「楽しい！」と思える、自分だけの学習方法を見つけることを願っている。

📖 **参考文献**

前田真彦 (2013)『目指せ! 中級突破「前田式」韓国語 パワーアップドリル』HANA
Ellis, R. (1997). *SLA research and language teaching.* Oxford University Press
Oxford, R. L. (1990). *Language Learning Strategies: What Every Teacher Should Know.* Longman ELT（レベッカ・オックスフォード／穴戸通庸・伴紀子訳『言語学習ストラテジー』凡人社、1994年）

손성희 (2011)『한국어 학습자의 언어 학습전략 분석 연구 (韓国語学習者の言語学習ストラテジー分析研究)』延世大学博士論文

7

黒島規史 (구로시마 노리후미)

現職：熊本学園大学外国語学部東アジア学科
　　　准教授

●好きな韓国語「네가 덜 맞았구나!」

訳せば「(お前) 殴られ足りないようだな！」。物騒で申し訳ない。美しい韓国語とかを書くべきなのかもしれないが、それは他の先生にお任せしよう。この文は「〜が」には置き換えにくい -가/이、日本語で表現しにくい 덜 (より少なく；英 less)、単独で受身を表す 맞다 (殴られる)、詠嘆かつ推量の -구나 を含み、文法的に余すところなくおもしろい。実際に言う機会はなさそうだけど。

●韓国語の学習方法

【中級のころにやっていたこと】

・韓国語の音声で目覚め、身支度をしながら聞き流していた。ただし、スクリプトがあり、ちゃんと意味を把握している音声を聞くことが重要。たまにマネしてロずさんでみたり。

・単語帳をつくる。意味別とかではなく、出会った単語を片っ端から書いていく。どんな場面で出会ったか、具体的なエピソードを思い出しながら復習すると効果的だ。

【今つづけていること】

・小説を意識的に読むようにしている。知らない単語、忘れてしまった単語は徹底的に辞書を引く。最近は便利な電子書籍を利用することが多いので、調べた単語にはマークをしておく。一冊小説を読むと 50 個くらいマークがしてある。大丈夫、韓国語が専門といっても、学習言語だとこんなものである。いや、もっとがんばります。一緒にがんばりましょう。

135

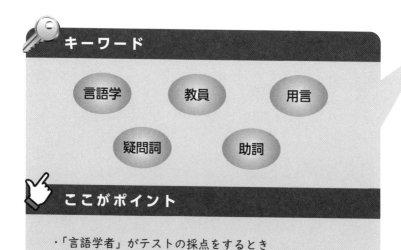

キーワード

言語学　　教員　　用言

疑問詞　　助詞

ここがポイント

・「言語学者」がテストの採点をするとき

・例外、方言、バリエーション...現実の言語は複雑怪奇

・「初級で勉強したこととは違う！」という沼のおもしろさ

沈黙は金、雄弁は銀？
── 韓国語初級文法の深みと教員の葛藤

黒島規史 (熊本学園大学)

真実はいつもひとつ、とは限らない

1学期間、15週分の授業がすべて終わる。学生たちは期末試験を終えて、緊張感と疲労感から解放され、もうすぐ訪れる長期休みに胸を高鳴らせる。しかし、我々教員はこれからが本番である。長い長い採点と成績づけの仕事が待っている。一部の教員は「採点の祭典」などとおどけながら、この大変な仕事に臨む。まず取りかかるのは1年生の韓国語の試験。消せる赤ボールペンと替えインクも用意した。準備は万端だ。

わたしは言語学を専門とする研究者である。言語学とは、言語に共通する一般的な性質を探ったり、日本語、英語などの個別言語が持っている音のシステムや文法規則を明らかにしようとする学問である。わたしは特に韓国語の文法を研究しており、-지만（〜が）、-니까（〜から）、-고（〜て）などの連結語尾（日本語の接続助詞に相当する）の意味や、日本語との違いについて長いあいだ研究している。同時に、わたしは大学で韓国語を教える教員でもある。現在の勤務校では韓国語を初めて学ぶ1年生の授業から、3・4年生向けの韓国語読解や文法論の授業まで幅広く担当している。

1年生の韓国語の試験を採点していると、日本語を韓国語に訳す、次のような問題で手が止まる。

問　　　わたしが掃除をしました。
解答　　저가 청소를 했습니다.

韓国語で丁寧な「わたし」は저という。日本語の格助詞「～が」
にあたる韓国語は－가あるいは－이で、名詞が母音で終わっている
場合は－가を、子音で終わっている場合は－이を付ける。저（わた
くし）は母音で終わっているので、「わたしが」を저가と書いてし
まうのは理解できる。しかし、標準語では－가（～が）が付くと제
と形を変え、제가となる。そのほか、－에게（［誰々］に）の縮約形
－게が付くときと、저의（わたくしの）の縮約形として제というか
たちが現れる。－도（～も）などその他の助詞が付く場合は저のま
まである。저가だけ誤答ということで部分点をあげればいいのだが、
なぜわたしの採点の手が止まってしまったかというと、個人差があ
るものの最近は「わたしが」に제가ではなく저가を用いる韓国語母
語話者がいるためである。そのような人がいる以上、いくら標準語
では제가が正しいとされていても저가が誤りだと簡単に言うことは
できない。言語学者は、あくまで実際に言語がどのように用いられ
ているかを客観的に観察し、記録、分析するのみで、「このように話
すべきだ」というような規範にはあまり関心がない。わたしもひと
りの言語学者として、規範よりも実際の言語の使用を大事にしてい
るので、試験の採点とはあまり相性がよくない。正解はいつもひと
つ、とは限らないのだ。

韓国語を広く見渡すと…

　韓国語には丁寧な저（わたし、わたくし）と、丁寧ではない나（わ
たし、ぼく、おれ）がある。나の場合も저の場合と同様に－가（～
が）が付くときなどに나ではなく내とかたちを変えるのだが、これ
はあくまで標準語を基準とした場合の話である。韓国語のなかには、
「わたし、ぼく、おれ」を表す代名詞が나か내のどちらかに統一され
ている方言がある。
　まず、나に統一されている方言は韓国の南側、慶尚南道の巨済市、
統営市や全羅南道の東部地域においてみられる。次の例は慶尚南道
の巨済方言で、下線部で－가（～が）が付いても나のままなのが確認
できる。ちなみに例のなかの너거は標準語で言うところの너희（お

138

前たち）である。

　나가 너거한테 할 얘기가 있는데 [慶尚南道：巨済]
　「わたしが君たちに話があるんだが」(이기갑 2003: 651)

　一方、「わたし、ぼく、おれ」が나ではなく내に統一されている方言は江原道や慶尚道で話されている。次の例では-가(/이)ではなく -도（〜も）が付いているにもかかわらず、내となっていることがわかる。

　내도 참 못할 짓 많이 했지. [江原道：江陵]
　「わたしも本当に悪いことをたくさんしたよ。」

(이기갑 2003: 651)

　ここで述べたことは、基本的には너（お前）にも当てはまる。つまり、標準語では-가（〜が）が付くときなどに네とかたちを変えるが、方言によっては너か네(니)のどちらかに統一されているのである。まだ学生の答案で「お前が」を“너가”と書いてある場面には遭遇したことがないが、もし書いてあったらどうしようか…。今から悩ましい。たいてい、試験問題を作成する際は、特に「標準語について解答しなさい」などとは付け添えない。そのような注釈を添えておけばよいのかもしれないが、そもそも標準語以外のバリエーションを排除してしまってよいのだろうか。わたしはなるべく部分点を与えつつ、なぜ部分点となっているかを説明するようにしているのだが、これが正解なのかは未だにわからない。
　そのほか、韓国語のバリエーションを見渡すと、-가/이（〜が）があたかもふたつ付いているように見える例もある。このような言い方は、全羅北道方言、済州方言以外で広く観察される。

　그 집이가 조용해졌어. [全羅南道：潭陽、咸平、珍島]
　「その家が静かになった。」(최명옥 2015: 222)

－가 / 이（〜が）を付ける際、子音で終わっている名詞であっても、この例のように "집이가" と言ってしまう学習者はいるものである。日本語の「〜が」と－가の音が近いから勢いあまって－이だけでいいところに－가も付けてしまうのだろう。このような例も韓国語のバリエーションを考えると簡単に間違いだと言うのはためらわれ、試験の採点ではいつも葛藤がある。

▌規則的な不規則用言

　採点も葛藤も終わらない。採点をしているとまた手が止まる。今度は与えられた動詞や形容詞を해요体（フォーマルでない丁寧体）にする問題である。

問　　　덥다（暑い）
解答　　더워요（暑いです）

　想定している正答は "더워요"（暑いです）である。基本的に해요体は、用言語幹の母音が陽母音（ㅏ / ㅑ / ㅗ）の場合は아を、陰母音（上記以外）の場合は어を付つけたうえで最後に－요を付ければよい。しかし、덥다（暑い）は不規則な活用をする形容詞で、－아 / 어を付ける際に、ㅂが落ちたうえで워となる（ただし돕다「助ける」、곱다「美しい」の場合は와となる）ため、더워요（暑いです）という。また、あいだに으が入る－(으)면（〜たら、〜れば）のような語尾の場合は、ㅂが落ちたうえで으が우となり、더우면（暑かったら）となる。
　標準語ではこのような状況なのだが、標準語以外のバリエーションでは、덥다（暑い）のような不規則な活用をする用言が、規則的な活用をする場合がある。たとえば、慶尚道方言では、"더워" ではなく "더버" のようにㅂが落ちずに活用される。そのため、덥어요（暑いです）という解答もありえなくはないのであり、さきほどの저（わたし、わたくし）のときと同じ問題が生じる。難しい。世の中の韓国語の先生たちはどうしているのか教えてほしい。

教室で韓国語を教えるときは、どうしても英語以外の言語を最初に学ぶ学生たちの心理的なハードルを下げるために、日本語と韓国語が似ていることを強調しすぎてしまうのだが、不規則な活用をする用言を教える際は、学生たちの苦悶が顔にありありと見えるようで心苦しい。なにもわたしが悪いわけではないのだが…。なかには「なんで不規則活用なんてあるんですか？」という疑問をぶつけてくる学生もいる。もっともである。韓国語に限って言えば、なぜ不規則な活用ができたかということは歴史的には説明ができる。ただ、それを説明されたところで、不規則活用を覚える大変さはあまり変わらないだろう。日本語母語話者のわたしとしては、一緒にがんばろう、わたしもできたから、と励ましの言葉を投げかけるのみである。

スポーンと落ちない ㄹ

　活用に関して、不規則とまではいかないものの、学習者にとってやっかいなのが、살다（住む、生きる）、만들다（作る）などの ㄹ 語幹の用言である。授業中に練習問題をしていて、たとえば살다の합니다体（フォーマルな丁寧体）を答えてもらうと、삽니다（住みます、生きます）ではなく、살습니다のようになってしまうのは、よくある間違いである。

　합니다体は母音語幹であれば – ㅂ니다 を付け、子音語幹であれば – 습니다 を付ければよい。ただ、ㄹ 語幹の場合は – ㅂ니다 が付いたうえで元々語幹にあった ㄹ が落ちる。そのため살다の합니다体は삽니다になる。この ㄹ が落ちる条件は、わたしが学生だったころは語呂合わせで「ㅅ，ㅂ，오，ㄹ，ㄴ（スポーン）と落ちる」と習った。つまり、ㅅ（尊敬の – 시 – など）、ㅂ（– ㅂ니다 など）、오（하오体の – 오）、ㄹ（終声の – ㄹ で始まる語尾；非現実の連体形語尾 – ㄹ など）、ㄴ（– 니까「〜から」など）が付くときに ㄹ が落ちるというものである。学生時代に習ったときから、よくできた語呂合わせだなと思い、自分が教える立場になっても、この語呂合わせを使い続けている。

　ただ、本来 ㄹ が落ちるところで落ちない場合もある。살다（住む、

生きる）や作る（作る）が後の名詞を修飾し、「住む〇〇」「作る〇〇」となる場合には－는を付ける。ㄴで始まる語尾なので ㄹ が落ち、사는、만드는となるのが正しい。しかし、韓国語母語話者のなかには、たとえば날다（飛ぶ）にこの－는を付ける際、ㄹ を落とさない人もいる。「空を飛ぶ鳥」であれば "하늘을 나는 새" ではなく "하늘을 날으는 새" のように言う場合もある。さきほどの덥다（暑い）のような韓国語の方言間のバリエーションだけでなく、ㄹ語幹用言のような母語話者のあいだのバリエーションがあることを知っていると、採点はますます悩ましいものになる。しかし、わたしとしては、韓国語教師はこのような知識を必ず知っていなければならないと思ってはいる。

　教師としては韓国語、ひいては言語学の知識を伝えたくていろいろと補足したくなるものだが、授業時間も限られているため、初級の授業ですべてを扱うことはできない。それに学習者としても、最初の段階でいろいろと詰め込まれても混乱のもとだろう。韓国語初級授業の深い沼から現れた女神様に対して選ぶべきは、「金の沈黙」だろうか、それとも「銀の雄弁」だろうか。

形容詞の命令形？

　上で見たㄹ語幹の問題は、規範的な言語の使用と、実際の言語の使用とのギャップの問題と考えることができる。似たような問題で、かつ初級の授業にも関連するのが、韓国語の形容詞と存在詞の活用である。

　かつて、韓国語の国立国語院（国の韓国語研究機関）の次のような投稿を見たことがある。"건강하세요"（お元気で）のように形容詞건강하다（健康だ）が命令形で用いられるということについて、文法的に正しい表現なのかという、韓国語母語話者からの質問に対する回答である（過去の回答が全文参照できなくなっているので、参照できない箇所は「後略」とした）。

　흔히 인사말로 '건강하세요 , 행복하세요' 를 사용하지만, 문법적으로 형용사의 명령형이 적절하지 않고, 존대하는 대상에게 명령형으로 인사를 하는 것도 어색하므로…

「一般に挨拶言葉として「건강하세요（お元気で）、행복하세요（お幸せに）」を使用しますが、文法的に形容詞の命令形は適切でなく、丁寧な態度で接する相手に命令形で挨拶をするのも不自然なので…（後略）」

このような質問は、母語話者の言語に対する規範意識が垣間みられておもしろい。さて、それでは形容詞を命令形にするのは、本当に不自然なのだろうか。가십시오（行ってください）とか앉으세요（お座りください）のように命令形が動詞に典型的だというのはたしかである。しかし、韓国語では挨拶に用いられる"건강하세요"（お元気で）などのほかにも、形容詞が命令形で用いられることがある。次の例では、조용하다（静かだ）という形容詞が命令形で使われている。日本語では「静かにしてください」というように「する」という動詞を補って訳すしかない。

　아빠 조용하세요, 엄마두.
　「お父さん、静かにしてください、お母さんも。」
　　　　　　　　　　　　[보고 또 보고（See you again and again）ep. 15]

あるいは、意志を表す－ㄹ래（～するよ）や－ㄹ게（～するね）のような語尾も典型的には動詞に付くが、形容詞に付く例がある。次の例では 솔직하다（正直だ）という形容詞が－ㄹ게（～するね）とともに用いられている。

　그럼 나도 솔직할게요.
　「じゃあわたしも正直になりますね。」
　　　　　　　　　　　　[굿바이 솔로（Goodbye Solo）ep. 5]

これらの形容詞を辞書で引いたところでわざわざ動詞的な使い方をすることもあります、なんてことは書いていないが、韓国語の形

容詞は動詞に非常に近いという特徴がある。動詞と形容詞を兼ねている用言のなかには、辞書に記載されているものもあるので、必ずおさえておきたいところである。たとえばヨ다は「大きい」という形容詞としての用法も、「大きくなる」という動詞としての用法もある。同様の例には늦다（遅い、遅れる）、늙다（年を取っている、老いる）のような例がある。

▌ 動詞 or 形容詞？ それが問題だ

韓国語の形容詞は動詞に近い、ということを述べた。このことについてもう少し深掘りしてみよう。深掘り、といっても韓国語の初級の授業にも十分に関わる事柄である。

韓国語の形容詞、存在詞は、動詞と基本的な活用形が同じである。存在詞とは있다（いる、ある）と없다（いない、ない）のことである。そもそも、基本形（辞書形）はどれも−다 で終わる。日本語の場合、動詞はtaberuのように−uで終わり、形容詞はsukunaiのように−iで終わるため、そもそも基本のかたちから異なっている。さらに、韓国語は基本的な活用形もだいたいにおいて共通している。つまり、丁寧形であればどちらも同じように−ㅂ니다/습니다を付ければよいし、過去形も−았/었−を付ければよい。

品詞		丁寧形	過去形
動詞	먹다 （食べる）	먹습니다 （食べます）	먹었다 （食べた）
存在詞	있다 （いる、ある）	있습니다 （います、あります）	있었다 （いた、あった）
形容詞	적다 （少ない）	적습니다 （少ないです）	적었다 （少なかった）

すべてがこのように動詞、存在詞と形容詞の活用形が同様であれば、これらをわざわざ区別する必要はない。しかし、それでも区別をしているのは、初級文法の範囲に限っても、現在連体形（あとの名

詞を修飾する形）と한다体（文章体）のかたちが異なるためである。

動詞は現在連体形で−는が、한다体で−ㄴ다/는다が付き、存在詞も動詞と同じく現在連体形で−는が付くが、한다体では−다が付く（基本形と同形になる）。形容詞は現在連体形で−ㄴ/은が付き、한다体は存在詞と同様−다が付く。

品詞		現在連体形	한다体
動詞	먹다 （食べる）	먹는 것 （食べるもの）	먹는다 （食べる）
存在詞	있다 （いる、ある）	있는 것 （あるもの）	있다 （いる、ある）
形容詞	적다 （少ない）	적은 것 （少ないもの）	적다 （少ない）

現在連体形では動詞／存在詞と形容詞のあいだに線が引け、한다体では動詞と存在詞／形容詞のあいだに線が引けることになる。このような事情があるため、動詞、存在詞、形容詞を区別する、ということになっているのである。

しかし、動詞、存在詞と形容詞を区別する特徴であった現在連体形だが、実は形容詞にも−는という語尾が付くことがあるのである。これが、上で韓国語の動詞と形容詞は近い、と述べた理由のひとつである。次の例文中の충실하다（忠実だ）は形容詞である。辞書にもそう記載がある。しかし、辞書では動詞と形容詞をあくまでも便宜的に線引きし、違うグループに入れているにすぎない。現実には形容詞であっても動詞的に用いられることがある。

자신의 감정에 충실하는 것은 한번만으로 만족하겠어요.
「自分の感情に忠実になるのは、一度だけで満足しようと思います。」
　　　　　　[나의 미끄럼틀 그리고 오후（わたしの滑り台、そして午後）]

一口に形容詞といっても動詞に近い性質を持ったものから、形容詞らしい形容詞までグラデーションをなしているのである。충실하

だ（忠実だ）のような態度を表す形容詞はしばしば動詞に近い活用のパターンを見せる。

　このような事実があるため、教室では形容詞の現在連体形は－ㄴ／은であると教えつつも、心のなかでは葛藤が渦巻くのである。しかも、韓国語における形容詞の性質というのは強調してもしすぎることはないほど、この言語の性格を考えるうえで重要な問題である。しかし、話し始めたらキリがない。それに初級者はまず現在連体形の基本のかたちをしっかりとマスターすべきで、形容詞の現在連体形で－는が付きうるということを学ぶのは初級を卒業したあとでも遅くない。

規範と現実のあいだ

　上で、存在詞있다（いる、ある）の한다体は있다であると述べた。存在詞と動詞を区別する重要な特徴である。しかし、ここでもまたそうは単純に言えないという事情がある。実は存在詞の있다は한다体で있다だけではなく、動詞のような있는다というかたちもありうるのである。次の例を見ると、引用のかたちが"있는다고"（いると）となっている。引用は한다体＋고であるが、ここで있다の한다体が있는다で現れているわけである。"있다고"と言っても文法的にはなんの問題もない、むしろ教科書的には正しいのにもかかわらず、である。

　너는 왜 연수원에 안 있고 여기 있어? 너 방 구할 때까지 연수원에 있는다고 하지 않았어?
　「あなたはなんで研修所じゃなくてここにいるの？ 部屋が見つかるまで研修所にいるって言わなかった？」
　［기상청 사람들（気象庁の人々：社内恋愛は予測不能?!）ep. 7］

　形容詞のときと同様、それぞれの動詞、存在詞、形容詞を区別する根拠であった한다体のかたちにバリエーションがあるわけである。있다（いる）の한다体として、頻度は있는다よりも있다のほうが多

いと言えるため、ひとまず있다のほうを教室では教えるわけである
が、있는다もありうるというのは中級以上になると無視できないこ
とである。

　ちなみに、この例をはじめ、以下では動画配信サービス、Netflix
で配信されている韓国ドラマから例を引用している。Netflixは簡単
に字幕を入手することができ、韓国語の例を収集するのに大変便利
である。わたしはドラマや映画を視聴するのは１年に数度であるに
もかかわらず、字幕の例を使って韓国語の授業資料を作ったり、論
文を書いたりするために、Netflixに課金（「課金」は本来、課す側
が使う言葉だが）し続けている。ドラマが視聴できる方は、実際の
場面を見て確認すると、より楽しめるはずである。

　上で述べたことは、存在詞있다（いる）の尊敬形계시다（いらっ
しゃる）では、さらにやっかいである。계시다は動詞的にも形容詞
的にもかたちを変える。つまり、現在連体形は계시는と계신があり、
한다体は계신다と계시다がある。どっちでもいいと言われても学習
者は困ってしまう。どっちかに決めてくれよと思うのが人情である。

제가 배달 알바 갔다가 우연히 봤어요. 그 집에서 다른 분이
랑 계시는 아줌마요.
「ぼくが出前のバイトに行ったときに偶然見たんです。あの家でほ
かの方といるおばさんを。」［사랑과 이해（愛と、利と）ep. 15］

［写真を見ながら］옆에 계신 분이 할아버지셔?
「横にいる方がおじいさん？」
　　　　　　　　　　　　　　　［갯마을 차차차（海街チャチャチャ）ep. 4］

　テキストに載っているような規範的な言語と、実際の言語には必
ずギャップがある。言語は常に変化しているし、それを使う人たち
も一様ではないのだから。それが中級、上級で学習する内容と関わ
るものならまだいいのだが、初級で学ぶ内容であっても、実際はそ
んなに単純なものではなく、複雑なバリエーションが存在している
のだ。

「なに」の一語から始まる脱線

　動詞、存在詞、形容詞の区別のように、初級のテキストで扱うような内容であっても、現実はかなり複雑だということはよくあることである。授業中はなるべく脱線しすぎないように、軽く言及するにとどめるのだが、言語学者ゆえにか、ついつい夢中になってしまい、ポカンとする学生たちの前で熱弁をふるってしまうこともある。パッションがほとばしってしまい、学生を置いてきぼりにしてしまった例を、ほかにも懺悔とともに紹介しよう。

　國村隼さんが出演したこともあり話題になった、韓国映画「哭声/コクソン」を知っているだろうか。韓国では映画中のセリフがある種の流行語のようになった。それが、劇中で女の子が言い放った、全羅道方言の"뭣이 중헌디?"である。標準語であれば"뭐가 중요한데?"（なにが重要だっていうの？）のような意味だが、ここでは「なに」が"뭣"というかたちで現れている。「なに」はだいたい初級では무엇、あるいは話しことば的な語形として뭐が出てくることだろう。しかし、ソウル以外の方言であっても뭣というかたちが使われることがある。さらに、무어というかたちもあるのだ。

　ここで무엇（なに）のバリエーションをまとめておこう。まず、基本のかたちとして무엇がある。무엇の母音ㅜとㅓが融合したのが뭣であり、무엇のパッチムㅅが脱落したのが무어である。そして무엇の母音も融合し、パッチムㅅも脱落したのが뭐というわけである。

	パッチム脱落なし	パッチム脱落あり
母音融合なし	무엇	무어
母音融合あり	뭣	뭐

　まず、ソウル方言であっても뭣が用いられるのは、後ろに－도（～も）をともない、모르다（知らない）や아니다（～でない）、없다（いない、ない）など、そもそも最初から否定の要素を含んだ用言とともに現れるときである。

화낼 기력도 <u>뭣도</u> 없다. 이제부터 너희들 일은 너희들이 알아서 해.

「怒る気力もなにもないよ。これからあんたたちのことは、あんたたちで勝手にやりなさい。」

[기상청 사람들（気象庁の人々：社内恋愛は予測不能?!) ep. 15]

無어はいつ用いられるかというと、不定（なにか、誰か）などの「〜か」に当たる－ㄴが付くときである。韓国語で「なにか」と言う場合、무엇인가、뭔가、무언가のようなバリエーションがみられるが、この무언가で무어というかたちが出てくるのである。

そもそも、さきほど「なにも」というときに"뭣도"となることがあると述べたが、「なにも」は韓国語で아무것도のはずである。もう少し深掘りしてみよう。

「誰も（〜ない）」「なにも（〜ない）」、たとえば「教室には誰もいない」のように韓国語で表現する場合、「誰」に当たる語は疑問詞として用いられる누구（誰）ではなく아무を用いて"教室には <u>아무도</u> 없다."と言わなければならないと、初級のうちは教わる。日本語では後ろに否定（〜ない）が続く場合も変わらず「誰／なに／どこ」を使うことができるが、韓国語の場合はそうはいかない。基本的に「誰も」は아무도、「なにも」は아무것도、「どこ（に）も」は아무 데도 と表現する。

「誰も」という場合、아무ではなく누구（誰）が用いられることもある。その場合、"그"（その）などの修飾語が付き、単に"누구도"と言うことは少ない。特に、あるメンバーのうち、Aさんも、Bさんも、Cさんも、そのうちの「誰も」と表現するときに用いられるようである。

그 <u>누구도</u> 그녀가 그런 모습으로 발견되리라곤 예상치 못했습니다.

「誰も彼女がそんな姿で発見されようとは、予想もしませんでした。」[작은 아씨들（シスターズ）ep. 2]

「どこ（に）も」の場合も同様に、아무 데도ではなく、疑問詞어디（どこ）を用いて어디에도と言うことがある。

初級のうちから必ず学ぶであろう무엇（なに）の短縮形ひとつ取っても、深掘りすると奥が深いものである。「誰も」関心を持たないのではなく、「誰か」は関心を持ってくれると信じて、たまに壮大な脱線をしてみるのだ。

「（乗り物）で行く」より「（乗り物）に乗って行く」

初級の授業で－를/을（～を）を教える。この段階ではまず、パッチムがない場合に－를を、ある場合に－을を付ける、と教えればよい。ただし、日本語の「～を」とは異なる点もあるので、その点を強調して教える。だいたいのテキストでは「～に乗る」という場合、日本語では「～に」を使うが、韓国語では－를/을（～を）を使い、－를/을 타다（～を乗る）と表現するのだと、あらかじめ日本語話者が誤りやすい点について注意してくれる。そのほかにも日本語で「～に」を用いるが－를/을を用いる動詞としては만나다（会う）、닮다（似る）、따르다（従う）などが挙げられるだろう。만나다（会う）、닮다（似る）については、日本語で「～と会う」「～と似ている」と言えるように「～と」に当たる－와/과などを用いることも可能である。

日本語話者に韓国語を教える場合、まず「～に乗る」は－를/을 타다（～を乗る）であると教えることは両言語の違いを意識してもらうためにも、よく使う表現から覚えてもらうためにもよいと考えているが、実は「（乗り物）に乗る」と言う場合、格助詞は－를/을（～を）だけなく－에（～に）も使用可能なのである。格助詞がどちらも使用可能であることは、韓国の"표준국어대사전"（標準国語大辞典）にも記載がある。ただ、いつ－에が使用可能であるかまでは、辞典は教えてくれない。－에（～に）を使用するケースについては追って説明しよう。

－를/을 타다（～を乗る）がテキストの例文中に登場する場合、単純に「わたしは車に乗る」として出てくるよりは、「わたしは車に乗

って会社に行きます（저는 <u>차를 타고</u> 회사에 가요）」のように「～に乗って（-를/을 타고）」のかたちで出てくることが多い。気の利いたテキストだと「～に乗って」という場合は-를/을 타고（～を乗って）と表現するのだと、ある程度まとまった単位で教えてくれる。「～て」には-고を使うのだと。

　テキストによっては「～に乗って」についてことさら取り上げない場合もあるが、この点について触れざるをえない事情がある。初級のテキストで、まず道具や手段を表す-(으)로（～で）を学ばないことはないだろう。"<u>펜으로</u> 쓰다（ペンで書く）"とか"<u>계란으로</u> 만들다（卵で作る）"のように用いられる。学生に-(으)로（～で）を用いて例文を作ってもらう。すると、"<u>차로</u> 가요"（車で行きます）のような例が出てくる。そう、それで間違ってないんだけど、チラッと手元の腕時計を見る。まだ時間に余裕がある。ものすごい勢いで黒板を消し、説明を始めようとしているわたしがいる。

■「（乗り物）に乗って」もいろいろ

　「（乗り物）で行く」のように言う場合、韓国語では-(으)로 가다（～で行く）よりは、-를/을 타고 가다（～を乗って行く）のほうがよく用いられるパターンである。ためしに手元の小説やドラマの台本で調べてみると、「車で行く」という意味で用いられている<u>차로 가다</u>が1例もなかったのに対して、<u>차(를) 타고 가다</u>（車(に)乗って行く）は38例という結果であった。わたしの資料で見つからなかっただけで、決して-(으)로 가다（～で行く）を用いないわけではない。ちなみに<u>차로 오다</u>（車で来る）なら3例見つかった。ただ、やはり-를/을 타고 가다（～を乗って行く）のほうがよく用いられることを知っていてあえて教えないのも気が引ける。このような葛藤があるため、-를/을 타고（～を乗って）を避けて通ることがなかなか難しいのである。

　「乗って」の「～て」に当たる韓国語には-고や-(아/어)서があるが、これら連結語尾はわたしの専門、大の得意分野である。もうここまで来ると補足説明は止まらない。「（乗り物）に乗って」の「乗

って」に当たるかたちが타고だけなのかというと、実は頻度としてはさほど多くないが타서というかたちもあるのである。そして、ここで格助詞の問題に戻ってくるのだが、−에 타서（〜に乗って）という組み合わせで用いられることが多いのである。

그 사람은 차에 타서 시동을 걸었다.
「その人は車に乗り、エンジンをかけた。」（作例）

このように−에 타서（〜に乗って）を用いるのは、乗り物を移動手段と捉えているというよりは、場所、空間と捉えている場合である。つまり、"의자에 앉아서"（椅子に座って）とか "바닥에 누워서"（床に横になって）のように、[（場所）に身体を位置させて] というパターンを取るときに−에 ＋ −(아/어)서が用いられるのと同様である。このように、文法というものは誰かが決めて、みんながそれに従わなければならないルールのようなものではなく、その都度我々が言語を使用するなかで、この世界をどのように認識し言語化するかということが反映されているものなのである。連結語尾−고と−(아/어)서の使い分けは難しいため、初級授業では頻出の用法に絞って教えざるをえないが、「〜に乗って」ひとつとっても格助詞と連結語尾の使用において興味深い問題を含んでいる。そんなことをすべて語り尽くすには１コマ90分という時間はあまりにも短い。おっと、もうチャイムが鳴りそうだ。

さらなる韓国語セカイの沼へ

韓国語の初級の授業で習うような内容であっても、その奥にはずっと豊かな言語事実が潜んでいる。言語学者であり韓国語教員でもあるわたしはそのおもしろさを伝えたくて仕方ないのだが、授業時間は限られており、なかなかすべてを伝えることは難しい。今回は普段から伝えたいと思っていること、あるいは授業や試験の採点をするなかでわたしのなかにあった葛藤を、沈黙せず雄弁に綴ってきた。

残念ながら、この文章を書いている 2024 年現在、これまで述べてきたようなことを学習者が手軽に調べられる環境は整っているとは言えない。しかし、韓国語を学習していれば、「初級のときに勉強したことと違うじゃん！」という現象に必ず出くわすはずである。そんなときは実際の韓国語の複雑さに向き合いながら、その奥深い沼につま先だけでもいいから足を突っ込んでみてほしい。そうすればわたしは、「金の雄弁」を持って沼から現れ、永遠のひとりの韓国語学習者として、そして韓国語文法の研究者として、学習者のみなさんと熱く楽しく語り合うことだろう。

📖 **参考文献**

이기갑 (2003)『국어 방언 문법』태학사
최명옥 (2015)『한국어의 방언』세창출판사

8

林炫情 （임현정）

現職：山口県立大学国際文化学部 教授

●好きな韓国語「찰나」

「ある出来事や現象が起こるまさにそのとき」、「極めて短い時間」をあらわす。日本語にしたときは、刹那、隙、間際、寸前、瞬間、途端と訳されることが多い。普通にしていても、一瞬でその場の「空気」を変えられる存在に憧れることがある。

●日本語の学習方法

【中級のころにやっていたこと】

・初級から中級に上がる段階では、文字を書く速度が上がることによって、文字の書き間違いが増える傾向がある。私の場合は、自分の手書き文字に不自然な癖がついていないかを確認するための自己チェックとして、書いた文字を声に出して読んでみたりしていた。これによって、書き間違いや意図しない表現があるかどうかが確認できた。韓国語の学習にも効果的だと思うので、ぜひ応用してみてほしい。

【今つづけていること】

・最近は手書きする機会が減ったが、好きな日本語や韓国語の文章などを異なる文字体で書き写す練習。書いている時は、無我夢中になるので、頭の整理にも役立ち、デジタルではなかなか得られない感覚や集中力を養うことができる。

・電車やバスの移動中に、目に入る看板のフレーズや聞いている歌の歌詞を訳す練習。短い時間でも比較的集中しやすく、そのときの状況や気分で異なる訳になることに気づく楽しさもある。

キーワード

語用論 コミュニケーション ポライトネス戦略

親族名称 異文化

ここがポイント

・「語用論」や「社会言語学」って何を扱ってるの?

・「相手にどうやって呼びかける?」——ポライトネス戦略とは

・ことばの背景にある「価値観やルール」に沿った表現まで
　学ぶこと

「社会語用論」の窓から見る
韓国語のセカイ

林炫情（山口県立大学）

「社会語用論」という窓

　いつも見ている風景だからこそ、そのよさや魅力にはなかなか気がつかないことが多い。しかし、いつもの風景も窓に枠を当てはめるようにして見つめなおすと、その風景の見え方が変わり、それまで気づかなかった風景のよさや魅力を際立たせ浮かび上がらせてくれる。また、内と外をつなぎ、外の世界を室内に取り込み、内なる世界を外に広げるのも窓が持つ役割のひとつであろう。

　私は、現在、日本の大学に籍をおき、社会と言語の関係を探る研究と、第二言語の習得・教材開発などの研究教育活動に取り組んでいる。言葉はその人が受けた言語教育や立場、自己認識といった社会的要因から影響を受ける。そのなかでも私は、特に日本語と韓国語における「呼称」の使い分けにおよぼす社会的要因や、第二言語学習者による呼称の「使い方」に対する母語話者のもつ印象、また社会的迷惑場面の言語行為に対する社会文化的規範や個人のコミュニケーションによる影響に関心がある。これらのテーマは、いずれも私自身が第二言語を習得する際に感じた疑問や興味に端を発するものである。一見、社会言語学と語学教育は違う分野にみえるかもしれないが、社会における言語の役割、そして社会で生きるために言語を習得するということは大きく一体となるものだと考えている。同じことばでも状況や関係性によって意味が変わることがある。コミュニケーションのなかでことばがどのように使われ、その意味が場面によってどのように解釈されるかを文化・社会的側面から研究するのが、社会言語学における「社会語用論」という分野である。

本章では、韓国語を母語とし、韓国語と日本語の言語教育に長年関わってきた私が「社会語用論」の窓から見つめなおした韓国語のセカイを紹介する。この窓を通して、韓国語の魅力や奥深さを垣間見る、さらにはそれを超えて自分のことばのセカイを広げ、多様性に富んだ人間関係を築くきっかけになればうれしい。

■ 一見、非効率的だけど、実は相手への気遣い!?

「人はコミュニケーションしないわけにはいかない（One cannot not communicate）」、さらには「すべてのコミュニケーションは状況を変え、新たなコミュニケーションの形式を生む。（Inevitability of Communication Change）」（Watzlawick, Beavin, & Jackson 1967）ということばがあるが、そもそもコミュニケーションとはいったい何なのだろうか。また、伝達や意思疎通はできても、勘違いやすれ違い、コミュニケーションが意図どおりには進まないのはどうしてだろうか。

コミュニケーションの場では、どちらが話し手、聞き手と決まっているのではなく、両方が話し手でもあり聞き手でもある。このような二者間の相互行為によって、私たちは自分自身に気づき、相手を理解し、情報を共有することができる。つまり、人と人とのあいだに何らかの関係性が生じ、そこに何らかの意味が構築されるのであれば、そのプロセス自体がコミュニケーションである（堀 2019）。そして、そこでのコミュニケーション能力とは、語学運用能力といった限定された能力を意味するだけでなく、より広範囲な「その場にふさわしい対応」（Spitzberg & Cupach 1984）を指すため、会話の背景となる場面や状況、話し手の意図、聞き手の解釈という3つの要素が必要となる。

たとえば、実際のコミュニケーションの場で、あることを伝えるのに、なぜもっとも効率的な伝え方でなく、いろいろな伝え方があるのか。それには何らかの理由があるはずであり、聞き手はそれを推測しているのである。以下の会話を聞いて、みなさんはどう感じるだろうか。

A: 오늘 내 발표 어땠어?
B: 별로였어. (직설적)
   좋은 발표한다는게 쉽지가 않아. (간접적)
A: 今日の私の発表どうだった？
B: あまりよくなかった。（直接的に答える場合）
   よい発表をするのは難しいよね。（間接的に答える場合）

　自分の発表はどうだったか、と意見を求めてきた相手に直接答えず、コミュニケーションが成立しなくなるかもしれないのに、Bが間接的に答える場合があるのはなぜなのか。語用論では、こういった非効率的（間接的）な会話における発話をする主要な動機が、対人配慮であると考える。対人配慮というのは、言語行動が他者との円滑なコミュニケーションを促進するためにどのように配慮されるかを考える概念であるが、これは相手の感情や立場を尊重し、誤解や衝突を避けるために重要である。

　こうした言語行動において他者との円滑なコミュニケーションを促進するための配慮に関する理論は、「ポライトネス理論」として知られている（Brown & Levinson 1987）。「ポライトネス（ていねいさ）」というと、敬語や丁寧体などを思い浮かべる人が多いが、この理論は人間関係の距離を調整するための言語的配慮のことを指す。ポライトネスはあらゆる社会文化にわたって言語使用にみられる原理とされ、たとえば目上の人や親しくない人と話すとき、改まった場面で話すときに使われるていねいな表現だけではなく、相手を思いやる表現、親しい友人同士や家族と話すときに使われる親しみをあらわす普通体やくだけた表現もポライトネスである。

　ポライトネス理論では、人間の普遍的な欲求には「積極的欲求（positive wants：相手に受け入れられたい、相手と仲よくなりたい）」と「消極的欲求（negative wants：個人の私的領域を他人に侵害されたくない、邪魔されたくない）」の２種類がある。言語使用において、積極的な欲求を満たすためのポジティブ・ポライトネスでは、相手との連帯感や親しさを表現するために、冗談や挨拶が用いられる。一方で、相手と自分との距離を大きくとろうとするネ

ガティブ・ポライトネスでは、遠慮や形式性を重視した表現が多く、不快な状況を避けるため相手との距離を意識的にとる言語行動がとられる。たとえば、相手の発言に対し「정말 멋진 제안입니다（本当にすばらしいご提案ですね）」といったり、動いてほしい相手に「거기 비키세요（そこどいてください）」ではなく、「죄송하지만 거기 좀 비켜 주시겠어요?（申し訳ありませんが、そこをちょっとよけていただけませんか?）」といった言い方などである。

　「ポライトネス理論」をふまえ、上記の会話例を振り返ってみると、Bが直接答えず間接的に答えたのは、自分の発表の出来を気にしている相手に対し、相手の感情や自尊心を傷つけずに、敏感なトピックに対処したいというネガティブ・ポライトネス的な配慮が背景にあるものと解釈できる。韓国人の話し方は日本人に比べて、直接的ではっきりとした表現を好む傾向があり、感情や意見を直接に伝えることが多いとされる。ただし、これらの特徴は一般的な傾向であり、個々の人や状況によって異なるため、ポライトネス選択においてはこれが絶対的なものでないように注意したほうがよい。

「ありがとう」にとどまらない韓国人の感謝のことば

　みなさんは、外国語で会話をする際に、自分の思いが相手にうまく伝わらず、誤解を招いたり、恥をかいたりして、もどかしさやストレスを感じたことはないだろうか。コミュニケーションの誤解は、言葉そのものよりも、どのようなコミュニケーション様式をとるべきか、いつ、誰がどのようなタイミングで発信するのか、文化的・言語的・コミュニケーション的な違いによって生まれることが多い。そのため、異なる文化とのコミュニケーションでは、言語の背景にある文化固有のものの見方や習慣、行動様式などを理解することが重要であろう。ここで、「感謝表現」をめぐるひとつの興味深い事例を見てみよう。

　A: 아키, 이거 지난번에 빌린 소설책. 잘 읽었어.
　B: 지수야, 빌린걸 돌려줄 때는 우선은 고맙다고 말해야지.

A: 응? 그러니까 좀 전에 "잘 읽었어" 라고 했잖아.

B: ……。

A: アキ、これこのあいだ借りた小説の本。よく読んだよ。

B: ジス、返すときは、「ありがとう」というべきでしょう。

A: うん？だからさっき「よく読んだよ」といったじゃない。

B: ……。

　これは韓国人のAが日本人Bに借りた本を返すワンシーンである
が、二人の会話からはなんとなくコミュニケーションがうまく進ん
でいない様子がうかがえる。それではなぜ二人のコミュニケーショ
ンにズレが生じてしまったのだろうか。下線のことばに注目してみ
ると、日韓の感謝表現の様式に対してお互いの期待が一致しなった
ことが誤解を招いていることがわかる。感謝表現は日本語にも韓国
語にもあるが、実際の状況での表現様式やタイミングは異なること
が多い。感謝の気持ちを伝えるときに、日本人は「ありがとうござ
います」「感謝します」といった定型表現（決まり切った言い回し）
を用いるのが一般的である。これに対し、韓国人が感謝の気持ちを
表す方法はさまざまで場面や相手との関係性によって使い分けられ
ることが多い。また、「고맙습니다（ありがとうございます）」「감사
합니다（感謝します）」といった定型表現のほかに、「잘 읽었어（よ
く読んだ）」「잘 먹었어（よく食べた）」などと「잘（よく）〜」とい
う表現を用いて感謝の気持ちを伝える場合も多く、その表現もひと
とおりにとどまらないのである。

　以上をふまえると、韓国人とのコミュニケーションでは、どのルー
ルあるいはストラテジー（戦略）を使ってポライトネスを表現す
るのが適切であるかを考えると同時に、韓国語表現のバリエーショ
ンと柔軟性も念頭におく必要があろう。

韓国語ではドンドン親戚がふえていく？

　次に、「誰かに呼びかける」場合を考えてみよう。何かの目的を
もって人に呼びかけるというのは、相手に対して自分の意見や要望

を伝えるための行為であり、コミュニケーションのひとつの形態であるといえる。また、この行為では、相手との関係性や状況によって異なる呼び方が用いられることがある。たとえば、目上の人に対しては敬称を用いたり、親しい人に対しては愛称を用いたりすることがある。また、呼びかけることで相手に注意を促す場合もある。つまり、呼びかけることで、相手との距離感や関係性を表現することができるのである。このように、呼びかけるという行為は、話し手と聞き手のあいだの接点を「ない」状態から「ある」状態へ変えるものであり、同時に緊張をともなう状況への変化でもある（東出2017）。そのため、呼びかけるという行為はネガティブ・ポライトネスとして機能することがあり、相手が初対面や見知らぬ人であればなおさらであろう。

　一方で、呼びかけ語の選択によっては、相手との緊張感を緩和し、相手によくみられたいというポジティブ・ポライトネス的な行為にもなりうる。つまり、行為としての呼びかけと個々の発話は別に考える必要がある。たとえば、親族でない相手に対して、後輩が先輩に親しみを込めて親族名称で呼びかけたり、店の若い従業員に対して「언니・누나（お姉さん）」「오빠・형（お兄さん）」、また少し年配の人に対して「이모（母方のおばさん）」などと呼ぶときがそうである。

　　　＜大学のキャンパスで＞
　　　後輩：<u>언니</u>, 방학 동안 잘 지내셨어요?
　　　先輩：아, 지수구나. 여행 다녔어. 너는?
　　　後輩：저는 계속 알바만 했어요.
　　　後輩：お姉さん、休みのあいだ、どう過ごしましたか？
　　　先輩：あ、ジス。旅行に行ってきた。あなたは？
　　　後輩：私はずっとアルバイトばかりしていましたよ。

　　　＜食堂で＞
　　　수아　：<u>이모</u>, 여기 물 좀 주세요.
　　　다나카：네 이모가 여기서 일하시는지 몰랐어.
　　　수아　：우리 이모 아닌데.

다나카 : 응? 지금 네가 이모라고 불렀잖아.

スア　 : <u>おばさん</u>、ここ水ください。

田中　 : あなたのおばさんがここで働いているとは知らなかった。

スア　 : 私のおばさんではないよ。

田中　 : うん？　今あなたがおばさんと呼んだでしょう？

　日本語と韓国語では、自分や相手を指したり呼びかけたりする場合、話し手と聞き手との社会的関係、性別、場面などの違いによって、人称代名詞、地位・役職名、職業・役割名、親族名称、個人名、敬称など、多彩なバリエーションから呼称を選択することができる。また、日本語と韓国語では、兄・姉を意味する「형（弟から兄に対して）、오빠（妹から兄に対して）・누나（弟から姉に対して）、언니（妹から姉に対して）」、おじ・おばを意味する「아저씨（おじさん）、아주머니（おばさん）」などといった親族名称で、親族関係にない人に呼びかけることができる点も共通している。

　とはいえ、その使用実態を見ると、日本語では、同僚や知人においてごくわずかな親族名称だけが用いられているだけで、非親族に対しては名前・愛称で相手のことをとらえることが一般的である。これに対し、韓国語では非親族に対しても、目上であれば親族名称が、同年輩、年下に対しては実名・愛称で呼びかけるのが多い。

「お姉さん」と呼ぶから親しくなれる

　そこで気になるのが、実際には親族関係にない人に対してあたかも同じ家族の一員であるかのような呼称を用いることはどうしてかということである。呼びかけ語には話し手・聞き手の社会的関係をことばで確認する機能があることは前述したとおりであるが、このような親族名称の虚構的用法は緊密な仲間関係の確立のための手段のひとつであることは確かであろう。つまり、あたかも家族の一員であるかのような呼称を用いることで、親族でない人との密接な人間関係を作り上げることができるのである。非親族に対して親族名称を使うことを、「虚構的用法（fictive use）」と呼ぶ（鈴木 1973）。

韓国語の親族名称の虚構的用法については、韓国のように封建的な社会組織を基盤としている国では社会的な上下関係を表すことばで相手を区別する必要があること、また人称代名詞の使用が極度に制限されていることがその背景にあると見る人もいる。

では、その使用実態はどうかというと、日本人と韓国人大学生を対象にした呼称使用の実態調査（林 2003）では、知り合いの年上の人に対して、韓国人男性の70.0%、韓国人女性の53.2%が相手と自分との相対的位置関係に応じた親族名称で呼びかけると回答している。一方で日本人はというと、親族名称を用いる頻度は低く（男性5.3%、女性3.0%）、実名や愛称で呼びかけることが圧倒的に多い（男性86.0%、女性82.9%）。たとえば、日本では、大学の先輩を「お姉さん」と呼ぶことはめったにないだろう。しかし韓国では特に珍しくはない光景ともいえる。

さて、このような親族名称の使用における日韓の違いは、一見ドライな人間関係が求められそうな職場ではどのように表れるのだろうか。この点に注目し、日本と韓国の会社員を対象におこなった林・玉岡（2003）の調査によると、職場での「お兄さん、お姉さん」の使用頻度は日本人より韓国人のほうが圧倒的に多いようである。これらのことからわかることは、日本人と韓国人の対人関係意識には違いがあるということである。

韓国では、職場での人間関係においても、頻繁に親族名称で呼びかけることによって、より親密な関係をつくりあげようとする。つまり、会社など本来なら利益追求が目的のはずの集団であっても、親族名称で呼びかけることで、兄弟姉妹のような関係を築こうとする。それに対し、日本人は血縁関係のない人に対しては親族名称で呼びかけることは少なく、特に職場での親密な関係を築く手段としては用いていない気がする。また、日本人が血縁関係のない人に対して「お兄さん」や「お姉さん」などと呼びかける場面は特殊な状況が多いのも職場での親族名称の使用が敬遠される理由にあると思う。たとえば、日本人が血縁関係のない人に対して「お兄さん」や「お姉さん」などと呼びかける場面は、道などで子どもに対して用いる場面や、飲食店の従業員に対して話しかける場面が多い。また、

兄姉を意味する「お姉さん」や「兄貴」などはある種の職業と結びついて使われたり、やくざ映画などで使われることがある。そのため、日本人は職場で、「先輩」などのほかの呼称を用いて親しみを表現することが一般的であるのかもしれない。

　ちなみに、韓国でも「선배（先輩）」という呼称を用いることはあるのだが、興味深いことに日本語とは使用頻度や対象が異なる。皇甫（1993）によると、韓国のソウル地域の大学生を対象にした調査では、「선배」は日本語の「先輩」の一般的な使用と異なり、親しい先輩（4歳から5歳年上）に対しての使用率は男性が5.4%、女性が11.0%であり、一方で親しくない先輩（4歳から5歳年上）に対しては男性が35.1%、女性の35.7%と、より頻繁に使用されていた。この結果は、「先輩」を意味する韓国語の「선배」が、親族名称に比べて距離をおいたやや硬い呼び方であることを示している。つまり、同じものごとや行為に対しても、文化の違いによって異なる意味解釈がなされることも十分にありえる。もし憧れの先輩に意を決して告白する場面で、たとえば日本ではありがちな「先輩！」という呼びかけをしたとき、韓国人の相手が「先輩」という呼びかけに反応して距離をとる場合は、相手が現時点では進展を望んでいないのかもしれない。恋愛のアプローチとしては慎重になることがよいだろう。

　　선배! 좋아해요. 저랑 사귀어 주세요.
　　先輩！好きです。私と付き合ってください。
　　나는 그냥 친한 선배로 있고 싶어.
　　私はただ仲のよい先輩でいたい。

先輩を名前で呼ぶのは、ちょっとヘン？

　韓国は地位や年齢の上下関係によって呼称表現の使用が決まり、相手が非親族の場合であっても目上の人であれば実名だけでは呼びにくく、垂直的呼称である親族名称や地位・役職名で呼びかけるのが一般的である。そのため、たしかに目上の人に対して実名で呼び

合うという水平的呼称については、違和感を覚える人も少なくない。しかし、近年の韓国社会の価値判断の変化とともに、韓国の職場では目上の人に対して「姓名＋씨（氏）」「姓名＋님（様）」といった実名で呼び合うという水平的呼称使用が肯定的に受けとめられつつあるとの報告もある。「씨（氏）」は一般的な尊敬の表現であり、一般的な社会的な場面でよく使われる一方で、「님（様）」はより厳かな場面や、相手に対して深い敬意を表す場合に用いられる。

　それでは、職場での人間関係とは異なる人間関係を形成すると予想される大学生の場合はどうだろうか。韓国の職場（林・玉岡 2004）と大学生の呼称使用に関する調査（林・玉岡 2009 年）の比較から、いくつか興味深い点を紹介する。

　まず、親族名称の使用に対して、大学生は目上の人に対して実名を用いることは適切でないと判断しており、親しい先輩に対しては親族名称の使用をより寛容的に受けとめるようである。この傾向は韓国人の職場での呼称使用に関する調査結果と一致している。しかし、あまり親しくない先輩に対する親族名称の使用は、職場の調査では不適切であると判断されるが、大学生はこれについても肯定的に受け止められている。つまり、大学生同士の人間関係においては、心理的に遠い距離にあると思われる相手に対しても親族名称が使われやすく、あまり話したことのない相手に対しても、「언니・누나（お姉さん）／오빠・형（お兄さん）」と呼ぶことに違和感はあまりないようである。

　一方、実名使用を見ると、職場では、目上の人に対して「〇〇＋씨（氏）」「〇〇＋님（様）」といった実名で呼び合う水平的呼称使用が肯定的に受け入れられつつあることが報告されている。しかし、大学生の調査では、先輩に対する実名の使用は全体的に不適切と受けとめられており、大学生の仲間内では水平的呼称はまだ一般的に浸透していないことがわかる。これについて、水平的呼称としての実名使用がより期待される公的な場面と結びつけて考えてみると、職場では接客や会議など多様な状況があるため、フォーマルな場面の延長線で実名の使用も頻繁に起こりやすい。これに対し、大学では授業などのフォーマルな場面で実名の使用が期待される一方、そ

の場面は授業くらいに限定されているからかもしれない。つまり、韓国の大学では学生同士で「〇〇씨（氏）、〇〇님（様）」と実名で呼ぶことは、通常の慣習から外れていると感じられる可能性が高く、これが学生なのに「社会人ぶった意識高い系」のような印象を与えかねないのである。

　次に、大学生の人間関係においては、親族名称の使用は特に親しい間柄で肯定的に判断される一方、実名使用は場面や親疎関係によって異なる傾向がある。ただし、いずれにしても実名使用は全体的に適切ではないと判断されており、特に雑談の場面での親しい先輩に対する実名使用はかなり否定的に受けとめられている。このことは、大学生の先輩に対する親族名称の使用はよりカジュアルでリラックスしたコミュニケーションで相手との距離を縮めるために使用される。一方で、実名はインフォーマルな場面よりフォーマルな場面で相手とさらに距離をおくために用いられる傾向があることを反映している。このように、場面や親疎による呼称の使い分けまで視野を広げてみると、誤解や不快な状況を招くことを避け、相手とのコミュニケーションを円滑に進めるためには、期待される状況に応じた呼称使用の大切さが見えてくる。

「先生」だけじゃ失礼？ 韓国の敬語インフレ

　近年、韓国では「선생님（先生様）」という呼称をよく耳にする。その使用は、生徒や学生を教える人や学芸に優れた人に敬意をこめるという本来の意味を超えて、身分や職業のわからないお客様や、一般的な場で初老の人や目上の人に対して呼びかけるときも使用される。このような辞書的意味を超えた曖昧な呼称使用は、「사장님（社長様）」「사모님（奥様）」「이모（おばさん）」「삼촌（おじさん）」などといった表現にもみられる。以下はその例である。

　　　＜見知らぬ男性に対して＞
　　　선생님. 죄송한데 길 좀 가르쳐 주시겠어요?
　　　先生様、すみませんが、道をちょっと教えていただけますか？

＜タクシーで＞
運転手：사장님, 어디로 모실까요?
客　　：이태원까지 부탁드려도 될까요?
運転手：社長様、どこまで行きますか？
客　　：梨泰院までお願いしてもいいですか？
＜デパートで中年女性に対して＞
사모님, 너무 잘 어울리세요.
奥様、よくお似合いですね。

＜飲食店で従業員の中年女性に対して＞
이모, 여기 반찬 더 주세요.
おばさん、おかずをもう少しください。

＜スーパーで、中年女性が従業員の若い男性に対して＞
삼촌, 여기 짐 좀 옮겨 줘요.
おじさん、ここの荷物をちょっと運んでください。

　このように相手を何の関係もない呼び名で呼ぶのはなぜなのだろうか。これには韓国語では彼らを呼ぶ適切な呼び名がないこともその理由のひとつである。しかし、このような対人関係の曖昧さを生む呼称の過剰使用はその表現の効果を低下させ、相手には深い理解や親密さよりも単なる形式的な言葉として受けとられる可能性がある。さらに、その呼称が特別な場面や特定の感情を表現するためにも用いられる場合、その使用頻度が高まるとその言葉の重みが軽くなる。実際、韓国では大学の先生に対しては「선생님（先生様）」ではなく、教授を意味する「교수님（教授様）」と呼ぶことが一般的で、「선생님」と呼ばれることについて不快と感じる人も多いようである。呼称使用においては個々の関係や文脈に合ったバランスのとれた呼称使用が望まれるが、韓国人ネイティブであっても曖昧な関係の相手に対しどのような呼称を用いるべきか、また相手がどのような呼称を好むかを判断することは容易ではない。相手の地位が不明確である場合や、具体的な敬意表現が難しい状況において、こ

れから韓国語でよく使用される「선생님（先生様）」「사장님（社長様）」などといった呼称に代わる一般的な敬意表現がどのようなものか、とても興味深い。

間違い方にも許容度はいろいろ

　異なる言語や文化背景をもつ人同士の接触場面では、さまざまな言語的、社会文化的な問題に直面することが多い。このような問題に対処し、より効果的なコミュニケーションをはかるために、非母語話者と母語話者が用いるさまざまな方略を外国語教育や第二言語習得の研究分野ではコミュニケーションストラテジー（Communication Strategy：CS）という。このCSには、話し手が意識的・無意識的に使う場面が含まれる。私は、たまに会う年下の日本人の後輩から、日本語で＜オンニ、ご飯食べた？＞と言われることがよくあるが、それには違和感を覚えることがたびたびある。彼女の＜オンニ＞という呼びかけはおそらく親しい・親しくなりたいという意図をもった彼女なりの積極的なポライトネス・ストラテジーであることは容易に想像がつく。しかし、親族名称で呼ばれるとなんだかなれなれしい感じがするし、ここは日本なのだからそのまま名前かニックネームで呼んでくれるとよいのにと思うこともある。こう思うのは私の日本での生活が長いせいだろうか。それとも相手が日本人だからなのだろうか。

　異なる母語を持つ人々がコミュニケーションや学習のために使用する、あるいは学習者が第二言語（L2）を習得する過程で仲介的に使用する言語を中間言語という。中間言語研究では、学習者は母語話者の運用規範を「学習」「習得」することが期待され、非母語話者が使用することばを母語話者のそれと照らして、誤用を母語話者に近づく過程としてとらえるものが多い。言語学習において学習者が母語やほかの既知の言語から新しい言語に特有の語用論的な特徴を適用する現象を語用論的転移（Pragmatic Transfer）という。

　たとえば、ある言語での挨拶や相手に対する丁寧な表現の仕方が、学習者の母語とは異なる場合、学習者は母語のパターンに基づいて

新しい言語でのコミュニケーションに影響を及ぼす可能性がある。この転移は、ときには文脈にそぐわない言語使用を引き起こすことがある。語用論的転移は学習者の言語習得において一般的な現象であり、異なる文化や社会での言語使用の違いが反映されるものである。つまり、目標言語の語彙や文法体系に熟達している学習者であっても、相手に対して失礼なことやふさわしくないことを言ってしまい、誤解につながる可能性のあるコミュニケーション上の転移である（近藤 2009）。

　一方で、語用論的転移については、非母語話者は自分の母語規範とは異なる規範、接触場面での規範もあわせ持っていることや、母語話者間でも必ずしも共通の規範を持っているわけではなく、否定的評価は言語的逸脱に対してよりは文化的（社会言語的、社会文化的）逸脱に対してより強く表れるという報告もある（Kasper & Blumkulka 1993）。

　それでは、実際に韓国人と接触する場面で、日本人韓国語学習者はどのように呼称のストラテジーを用いているか。またそれについて韓国人母語話者はどのように受けとめているのだろうか。調査によると（林 2015）、日本人韓国語学習者は、親しい相手に対しては「親族名称」を多用するなど、相手に心配りを示す特徴の呼称を過剰使用するケースがある。また、それに対する韓国人母語話者のほうの受けとめ方としては、日本人韓国語学習者の目上に対する親族名称の過剰使用には寛容的、実名使用には全体的に否定的に受けとめる傾向が強いようである。

　このことから、さきほどの私が抱いた違和感はひとまず置くとして、年上の人に対する親族名称の使用は、個人的差はあれど積極的なポライトネス・ストラテジーとして多くの韓国人に評価される可能性が高いことがわかる。つまり、親族名称使用は韓国人と親密な人間関係を築くうえで有効な手段のひとつになりうるといってもよい。

韓国語セカイを超えてもうひとつ伝えたいこと！

　ここまで、「社会語用論」の窓から韓国人のコミュニケーションの

特徴をいくつか紹介してきた。外国語でコミュニケーションする際には、正しい文法や発音で表現するための言語能力に加えて、発話の意図を適切に表現し解釈する語用論的な能力や、その社会のなかでの価値観や文化的背景、社会的ルールにあった表現を適切に使う能力が必要である。これは韓国語を学ぶ場合にも同じで、その場の状況や相手との関係、伝えたい内容などを考えて適切な韓国語表現を使う語用論的コミュニケーション能力が求められるのである。

　外国語を学ぶということは、単なる外国語を使いこなす能力の習得だけではなく、当然のことながらそのことばの背景にある文化・習慣・風俗などについても一緒に学ぶことである。私たちは外国語を学ぶ過程を通して、その背景に広がるこれまで知らなかった視野を手に入れることができる。異文化に積極的に向き合うことは、異なる視点やアイデアを得る機会をえることであり、「私（内）」と「あなた（外）」のつながりを可視化し洞察を提供する重要なきっかけともなるはずだ。

　頭のなかだけで考えた、実際には役に立たない議論や計画のたとえとして、「机上の空論（韓国語では、탁상공논（卓上空論）」ということばがある。イメージと現実は違うことも多いという意味である。そのため、自分と異なる考え方、感じ方、行動の仕方をする人々とのコミュニケーションでは、予想もしなかったことが起きても決して不思議ではない。むしろ、異文化とのコミュニケーションでは、自分のスタイルはごく狭い範囲の相手にしか通用しない。そして誤解や行き違いが生じてあたりまえと心得たほうがよい。しかし、このように何が起こるかわからない、様々なリスクが潜んでいる異文化コミュニケーションの現場においては、予期せぬ出来事が想定外のチャンスを生み出すこともある。まずは行動を開始して実行してみることが大切であろう。これらの考えは私自身が言語学習者として経験し、教育と研究の実践現場で学んだことであり、そしてこの章を通して韓国語を学ぶ・学んでいるみなさんに伝えたいことでもある。

📖 参考文献

林炫情（2003）「非親族への呼称使用に関する日韓対照研究」『社会言語科学』5(2)、20-32

林炫情（2015）「接触場面での日本人韓国語学習者の呼称使用ストラテジーとそれに対する韓国人母語話者の容認性判断」『山口県立大学学術情報［大学院論集第17］』9、17-29

林炫情・玉岡賀津雄（2003）「職場における「お兄さん」および「お姉さん」の親族名称使用に関する日韓対照研究」『日本文化学報』18、21-35

林炫情・玉岡賀津雄（2004）「韓国の職場での呼称使用の適切性判断に及ぼす属性・対人関係特性・性格特性の影響」『広島経済大学研究論集』27(1)、29-44

林炫情・玉岡賀津雄（2009）「韓国人大学の先輩に対する「親族名称」と「実名」の使用に関する適切度を決める諸要因」『ことばの科学』22、137-149

近藤佐智子（2009）「中間言語語用論と英語教育」『上智短期大学紀要』29、73-89

鈴木孝夫（1973）『ことばと文化』岩波新書

東出朋（2017）「「呼びかける」という行為についての小考——日本語とロシア語の例から」『九州大学学術情報リポジトリ』
https://doi.org/10.15017/1854986

塙幸枝（2019）「「ふさわしさ」をめぐるコミュニケーション」『グローバル社会における異文化コミュニケーション——身近な「異」から考える』三修社、25-36

Brown, P. and Levinson, S. (1987). *Politeness: Some universals in Language Use*. Cambridge University Press

Kasper, G., & Blumkulka, S. (1993). Interlanguage pragmatics: Introduction in G. Kasper & Blumkulka (eds.), *Introduction pragmatics*. Oxford University Press, pp.3-7

Spitzberg. B. H., & Cupach, W. R. (1984). *Interpersonal communication competence*. Sage

Watzlawick, P., Beavin, J. H., & Jackson, D. D. (1967). *Pragmatics of human communication: A study of interactional patterns, pathologies, and paradoxes*. Norton

皇甫奈映（1993）『현대 국어 호칭의 사회언어학적 연구 : 서울지역 대학생 사회의 용법을 중심으로（現代国語呼称の社会言語学的研究：ソウル地域大学生社会の用法を中心に）』ソウル大学修士論文

新井保裕 (아라이 야스히로)

現職：文京学院大学外国語学部 准教授

●好きな韓国語「이야기 나누다」

直訳すれば「話を分かち合う」。留学開始直後に、学科の人に「話を分かち合えてうれしかった」と言われました。もちろん社交辞令ですが、距離感が近いと言われる韓国では「話」も分かち合うのかと思いましたし、その一員になれた気がしてうれしかったです。ここからますます韓国語に関心を持ち、今に至ります。

●韓国語の学習方法

【中級のころにやっていたこと】
・留学前はひたすら文法と読解をやっていました。ただ文法訳読のなかで日韓両語の違いに気づいていったと思います。
・留学後は韓国の方とコミュニケーションする時間をできるだけ増やそうと、誘われた飲み会はすべて行っていました。結果、朝から授業が始まる語学学校を落第しました。

【今つづけていること】
・研究の一環で韓国語SNSデータを定期的に眺めていますし、韓国の友人とはKakaoTalkで連絡をしています。韓国語も「마침표」がほとんど現れず、日本の「マルハラ」みたいのがあるかもと想像して、ことばについて考え続けています。
・学生に韓国語を教える代わりに、学生からは韓国の音楽やドラマ、映画、「推し活」をいろいろ教えてもらいます。そしてそのなかには新しいことばも多く現れ、私の年齢に相応しない韓国語をひきつづき学んでいます。

173

キーワード

(SNS) (アーニャ語) (チェーンと磁石)

(発音と表記) (創造性)

ここがポイント

・SNS上にひろがる、教科書とは異なった韓国語のセカイ

・言語学者はどのようにSNSの韓国語を「分析」している?

・SNSでは母語話者を超える創造的な言語コミュニケーション
 が可能

SNS × KOREAN
母語話者を超える韓国語セカイへ

新井保裕（文京学院大学）

母語話者を超える韓国語セカイ？

『SPY×FAMILY』から韓国語セカイへ!?

　本書をここまで読み、みなさんはさまざまな韓国語セカイに触れてきたことと思う。そんななかで、本章ではまったく突拍子もなく『SPY×FAMILY』という漫画・アニメ作品の話から始めて、母語話者を超えることもできる、SNSという新たな韓国語セカイへと誘っていく。

　『SPY×FAMILY』は遠藤達哉氏による日本の漫画作品であり、スパイの男性（父）、殺し屋の女性（母）、超能力者の少女（娘）が仮初めの家族となり、その模様を描いたコメディである。2019年に『少年ジャンプ＋』で連載が開始され、2022年にアニメ化、2023年に劇場アニメ化がなされた人気作品である。韓国でも翻訳版が刊行され人気を博している。人気の理由としては設定の独特さ、ストーリーのおもしろさ、各登場キャラクターの魅力などがあるが、主人公のひとりである超能力少女アーニャが話す、非標準的な「アーニャ語」も読者を惹きつけるものとして挙げられるであろう。

　研究者というとその専門のことばかりを四六時中考えているというイメージを持つ人もいるかもしれない（少なくとも私はそういうイメージを持っていた）。ただ研究者も人間で、実際は酒も飲むし趣味に没頭することもある。私の場合は、K-POPや韓国ドラマより

日本のアニメや漫画が好きで、YOASOBIの『アイドル』や平野綾らの『ハレ晴れユカイ』、LINKED HORIZONの『心臓を捧げよ！』をときに振り付きで歌う姿が家族や学生から目撃されている（幸い、拡散はされていない）。

　その一環で『SPY×FAMILY』も、Official髭男dismやAdoの歌う主題歌も大好きなのだが、悲しき職業病か、やはりことばに目が向いてしまう。韓国の書店を歩いているときに、ふと「アーニャ語って韓国語にどう訳されているんだろう」と思った私は、すぐさま全巻を持ってレジに駆け込んだ。そして日本に帰り、「研究」と称して日本語オリジナル版と韓国語翻訳版を比較したのだが、当時4歳半の息子から「パパは仕事していない、遊んでいる」と言われたのはいうまでもない。

　さてここでアーニャ語の一例を見てみよう。アーニャは「だいじょうぶます」「がんばるます」という表現を用いる。日本語話者ならば「だいじょうぶだ」「がんばる」を丁寧に表現しようとしていることがわかるが、本来ならば形容動詞の「だいじょうぶだ」は「だいじょうぶです」、五段活用動詞の「がんばる」は「がんばります」と活用するのが標準的である。

　ここからいよいよ韓国語の話になっていく。『SPY×FAMILY』は韓国語にも訳され韓国でも人気であるとさきに述べたが、こうしたアーニャ語はどう訳されるのだろうか。その答えは以下のとおりである。

（1）괜찮입니다.（← 괜찮-（だいじょうぶだ）＋ -입니다（〜です））
（2）열심히 하겠입니다.（← 하-（する）＋ -겠-（【意志】）＋ -입니다（〜です））

　韓国語学習の経験がある方ならば、これらの表現は「誤り」であることがすぐにわかるだろう。韓国語の場合、用言をもっとも丁寧な합니다体で表現するならば、動詞にせよ形容詞にせよ用言語幹（用言の語末につく「-다」を抜いた「タヌキ」のかたち）または補助語幹（用言語幹と語尾のあいだに入るもの）に「-ㅂ니다/습니다

（〜です、ます）」を接続しなければならない。この場合は、「괜찮다」は子音語幹用言（用言語幹が子音で終わるもの）であり、補助語幹「-겠-」も子音終わりの表現であるため、「-습니다」がつき、「괜찮습니다（大丈夫です）」「열심히 하겠습니다（一生懸命やります）」とする必要があるが、「괜찮입니다（大丈夫だです）」「열심히 하겠입니다（一生懸命するです）」という表現が用いられている。しかし当然ながら、これは翻訳者が誤って用いているものではない。なぜこうした表現が用いられているのかを、日本語の視点から考えてみよう。

　普段はあまり意識しないが、日本語の「〜です」は実は２種類ある。ひとつは形容詞や形容動詞を「美しいです」「きれいです」と丁寧に表現するものであり、これは前述の韓国語「-ㅂ니다/습니다」に相当する。もうひとつは名詞文「〜だ」「〜である」を「〜です」と丁寧に表現するものであり、韓国語では指定詞「-이다」の합니다体「-입니다」に相当する。これらの韓国語２表現が日本語では同一の形式「〜です」で表されるため、日本語話者が韓国語初級学習の段階で「美しいです」を「예쁘다입니다（예쁘다（美しい）＋-입니다（〜です））」と表現してしまうように、混同することもある。

　今回のアーニャ語の例も、２種類の「〜です」相当の韓国語表現を混同したものである。ただしこれはもちろん誤りではなく、日本語オリジナル版で非標準的な丁寧形を用いていることにならい、韓国語翻訳版でも専門の翻訳家が意図的に「괜찮입니다（大丈夫だです）」「열심히 하겠입니다（一生懸命するです）」という「誤った」形を用いている。学習者が用いれば（特に日本語話者がおこなえば、日本語の影響を受けて犯してしまった）「誤り」と判断されるものであるが、韓国語母語話者が意図的に非標準的な表現を用いて新たな韓国語セカイを生み出しているといえる。

SNSから韓国語セカイへ！

　実はこうした新たな韓国語セカイの創出は、特定の漫画・アニメキャラクターのことばに限られたものでもないし、韓国語母語話者

だけが実践できるものでもない。韓国語に限らず、さまざまな言語において、近年はパーソナル・モバイル・メディア（簡単にいえば、マス・メディア以外のメディア）ではこうした創造的な言語使用がおこなわれるし、母語話者ではなく学習者もその主役となることができる。その最たる例として知られるのは「Emoji」である。「Emoji」は察しのとおり、日本語の「絵文字」に由来する。日本では1990年代から携帯電話やPHS（Personal Handy-phone System）で絵文字が用いられ、2020年代の今もパソコンやタブレット、スマートフォンで使用される。そして現在は世界にも広がり、世界中で用いられ、そのまま「Emoji」と呼ばれるほか、言語学や記号学からの研究も盛んな状況になっている。パーソナル・モバイル・メディアにおける創造的な言語使用は世界的な言語現象である。

そのなかでも韓国語セカイでは携帯電話のSMS（Short Message Services）やパソコンのチャット通信などインターネット上で、文字コミュニケーションが活発におこなわれ、そこでの創造的な言語使用がかねてから注目されていた。韓国語では通信言語（통신언어）と呼ばれ、2000年代から研究書や辞典が出版されるなど、世間的な関心も学術的な関心も高い。2000年代に実際に作成送信されたメッセージは次のとおりである。

(3) 오늘 술 같이 마셔줘서 고마워 'ㅁ' ♥ 진짜 재밌었어ㅋㅋ
　　（←오늘 술 같이 마셔 줘서 고마워. 진짜 재미있었어. 크크.）
　　（今日お酒一緒に飲んでくれてありがとう。マジでおもしろかった。笑笑）

　一見するだけで、読者のほうが教科書で学ぶ韓国語とは異なるセ

カイであることがわかる。あれだけ先生から注意される分かち書きが、「마셔 줘서」ではなく「마셔줘서」のように無視されているほか「'ㅁ'」「♥」と顔文字、絵文字が用いられている。また「재미있었어」のなかで母音「ㅣ」が連続していて、「재밌었어」のように縮約されているが、このような縮約は韓国ドラマなどで見たことや聞いたことはあっても、教科書で習わなかったはずである。さらに文字学習の段階で「ハングルは必ず『子音字＋母音字（＋子音字）』で表記するように」教えられていたはずなのに、「ㅋㅋ」と子音字だけで表記されている。ピリオドやカンマは一切使われていない。

　このような非標準的、脱規範的な言語表現、表記は現在のパソコン、スマートフォン、タブレットでもSNS（Social Networking Services）を中心に多く用いられている（左例参照）。そこで本章では韓国でもっとも多く用いられ、読者のなかでも利用している人が多いかもしれないSNSのKakaoTalk（카카오톡）を取り上げ、そこで用いられる非標準的、脱規範的な言語表現、表記を概観する。そしてそこには韓国語やハングルの特徴が大いにいかされて創造的な言語使用がおこなわれていること、ただの乱れた言語使用ではなく使用者の意識が介在していることを明らかにする。『SPY×FAMILY』ならぬ『SNS×KOREAN』という新たな韓国語セカイへと学習者を誘い、母語話者を超える言語使用を楽しんで生きていくことができることを示したい。

「非標準的」な言語表現とは？

名詞の意味ではなくても名詞化表現！

　ここからは私が2023年8月に韓国で実際に収集したKakaoTalkのデータをとりあげる。いずれも大学生が作成送信したものである。まずは非標準的な言語表現を見ていこう。

　韓国語にはさまざまな語尾があり、本書読者の韓国語学習者も学

習レベルに応じて、합니다体や해요体、해体（パンマル）、한다体（ぞんざい形）それぞれの語尾を覚えるのに苦労することが少なくない。それらの語尾に加えて、近年の韓国語SNSをはじめとする通信言語では別のかたちを用いて文を終結させることが多い。「‐ㅁ/음」「‐기」（〜すること）という表現は、動詞や形容詞などの

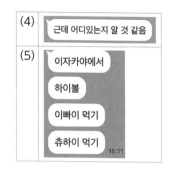

(4)
근데 어디있는지 알 것 같음

(5)
이자카야에서
하이볼
이빠이 먹기
츄하이 먹기
15:11

用言を体言化する名詞化表現であり、「ハングル」能力検定試験では中級の3級の出題範囲に含まれるものである。この名詞化表現が、韓国語SNSでは文を終結させる際の語尾として用いられることが多い。たとえば、(4)では「근데 어디있는지 알 것 같음（けどどこにあるかわかりそう（<s>なこと</s>)）」と表現されており、「같아」（해体）「같다」（한다体）ではなく、「같음」という名詞化表現で終結している。もちろん意味的には名詞化されていない。(5)でも日本語学習者が日本語も交えながら、「이빠이 먹기（いっぱい飲む）」「츄하이 먹기（チューハイ飲む）」と表現している。「먹어」（해体）「먹는다」（한다体）ではなく、「먹기」という名詞化表現で終結しており、特徴的である。SNS以外でも「티비가 있음（テレビがある）」「이 논문을 참조함（この論文を参照）」のように名詞化表現を用いて文を終結させることがあるが、説明書や論文などで不特定多数に客観的に述べられる場合が多い。(4)や(5)のSNSの例では名詞の意味にもなっておらず、特定少数への、決して客観的でないコミュニケーションで文末表現として用いられる。丁寧さでいえば해体に近いという。なぜこうした名詞化表現が文を終結させるのに用いられるかというと、入力送信を早くするためである。韓国語の文末表現は多くあり、ニュアンスが微妙に異なるものもあるため、学習者は学習に苦労するのはもちろん、韓国語母語話者も気をつけなければならないケースがある。そのような場合に、SNSで名詞化表現を文末で用いれば、少ない字数で入力送信が効率的におこなえるし、微妙なニュアンスについても気にする必要がなくなる。教科書にはみられ

ない、韓国語SNSに特徴的な名詞化表現の用い方であり、既存の言語表現を新たな使い方で用いる、創造的な韓国語セカイである。

「チェーン」な韓国語!?

この名詞化表現についてもう少し見てみよう。(6)は、親しい学生同士で昼食に何を食べるかについて話しているときに出たメッセージである。昼食は「韓国人の定食（한국인 정식）」が

よいと言った相手に対して「한국인 정식이 뭐임（韓国人の定食って何）」と尋ねている。日本語ならば「韓国人の定食って何」と名詞止めで表現しそうな部分であるが、韓国語では「뭐」で止まらずに指定詞の「-이다」、そして前述の名詞化表現「-ㅁ/음」までつけているところが興味深い。少ない字数で入力したいならば、「뭐」で止めればよいと考えそうであるが、（日本語話者の視点では）なぜかわざわざ指定詞をつけて、さらにまた名詞化する。同様の例はほかにもみられる。(7)ではある学生が料理レシピを共有し、「이거해먹을거임（これ作って食べるつもり）」と発している。「먹다（食べる）」の未来連体形に形式名詞「거（こと）」、そして指定詞「-이다」、名詞化表現「-ㅁ」が組み合わさっている。仲のよい学生同士の会話ということで日本語ならば「これ作って食べるつもり」と、ここでも名詞止めで終わればよさそうである。しかし韓国語ではすでにいちど連体形と形式名詞を用いて名詞化しているにもかかわらず、さらに(6)と同様に指定詞と名詞化表現を改めて付けていて「二重の名詞化」と言えそうなことが起こっている。効率的な入力とは相反すると考えられるが、なぜこうした言語表現が用いられるのだろうか。

ここでは言語構造に答えを求めてみる。日本語と韓国語は、語順や助詞など言語構造が非常に類似していることで知られている。しかし、本書の多くの読者は韓国語を一定程度学んでいて、日本語と韓国語の文法がまったく同じわけではないことを知っているだろう。

「磁石」な日本語と「チェーン」な韓国語

　私を含む研究グループでは日韓両語の違いを分析し、「「磁石」な日本語と「チェーン」な韓国語」という考えを提唱している。簡単にいえば、日本語は磁石のように、ことばの単位（語や句、節など）をくっつけたり外したりすることが容易なため、「きれいな花！」「君は可愛い目だ」のような文が可能になる。一方で、韓国語はチェーンのように、ことばの単位がしっかりと順序どおりに結びついており、くっつけたり外したりすることが容易でない。そのため、「참 예쁜 꽃！（本当にきれいな花！）」のような名詞止め、「너는 예쁜 눈이다．（君はきれいな目だ）」のような二項名詞文（AはBだ）は用いづらく、「꽃이 참 예쁘다！（花が本当にきれい！）」「너는 눈이 예쁘다．（君は目がきれいだ）」のように文の構成要素がしっかりと順番どおりに並び文らしく表現する。

　この点を踏まえると、韓国語SNSでなぜ「二重名詞化」が用いられるかも明らかになる。「チェーン」な韓国語では名詞止めはあまり用いられず文らしく表現することが求められる。名詞止めを用いると韓国語で非標準的な表現になりうるほか、命令・指示などの別の意味が付加される可能性もある。そのため入力の効率性ではなく言語構造が優先され、(7)、(8)のように指定詞を（日本語話者視点では）わざわざつけて、さらに名詞化をおこなう。日本語話者の韓国語学習者ならば名詞止めで表現してしまいそうになるため、注意を払わなければならない。非標準的なSNS韓国語にも韓国語の標準的な言語構造がいかされている。

略語も多い!

次に略語を見ていく。日本語でも若者ことばやSNSで略語が多く用いられることが知られるが、それは韓国語をはじめとする世界のどの言語でも共通している。発話や入力の効率性はもちろんのこと、仲間内のことばづかいで親密感を表す効果もある。

(8) 악깡버

(9) 왤케 공강이 안만들어짐?

(10) 안가고싶

(8)の「악깡버（アッカンボ）」は「악으로 깡으로 버텨라（死ぬ気で耐えろ）」という文の語節（分かち書きしたときの単位）の頭の文字がひとつずつ組み合わさったものである。韓国語ではSNSを中心に、各語節の頭の文字ひとつずつを組み合わせて略語を作るケースが多い。日本語では「ことしも　よろしく」を「ことよろ」と略すように文節の頭2文字（仮名で表記した場合）ずつを組み合わせるのが多いのとは異なり、それぞれ両言語の特徴といえる。これは文だけでなく単語のなかでも同様である。本書の読者にもファンが多いと思うが、韓国で人気のコスメ店「OLIVE YOUNG」は、韓国語では「올리브 영」、略して「올영（オリョン）」であるが、日本語では「オリーブヤング」、略して「オリヤン」である。まさに前述のルールどおりに略語が作られている。なお韓国ドラマを見るのに契約している人も多い「Netflix」も、韓国語では「넷 플릭스」を略して「넷플（ネップル）」だが、日本語では「ネットフリックス」を略して「ネトフリ」である（促音は除かれる）。

(9)の「왤케（ウェルッケ）」は「왜 이렇게（なんでこんなに）」の略であり「왤케 공강이 안만들어짐?」は「なぜこんなに空きコマ（大学の時間割上で、授業を入れていない時間）作らないの。」の意味である。ここでは「왜 이렇게［왜이러케］」の一部母音が脱落したかたちで表現されている。日本語でも話しことばで、「～している」を「～してる」と表現するように一部の音が落ちることがよくある。音や文字をできるだけ短く表そうとすることはどの言語のコ

ミュニケーションでも起こることであり、そう考えることで、こうした新しい韓国語セカイも身近なものに感じられるだろう。

最後の(10)の「안가고싶（行きたくない）」では用言部分の「싶다（「-고 싶다」で「〜したい」）」の語幹だけが用いられ、語尾がついていない。韓国語の文法を習うとき、語幹（または補助語幹）には必ず語尾（または補助語幹）をつけるのが原則だと教わるが、その原則を逸脱している。日本語ではイ形容詞（形容詞）の語幹だけを用いて「うま（っ）」「から（っ）」のように即時的な感情を直接的に表出することができるが、韓国語にはそうした用法はない。近年SNSを中心とする文字コミュニケーションで新たにみられる用法であり、先の言語構造とは対照的にここでは入力の効率性が優先されたものと考えられる。私が別に集めたデータでは「그렇지않?（そうではない?）」のように、長形否定形「-지 않다」をつけて、その語幹で止める表現もみられた。

以上はごく一部の例になるが、韓国語SNSで多く用いられる略語である。略語の背後には韓国語や言語のルールが反映される場合もあれば、入力の効率性が優先される場合もあり、興味深い。

「脱規範的」な言語表記とは？

子音字だけで表記する!?

次は韓国語SNSに現れる、脱規範的な表記を見てみよう。SNSをはじめとするインターネットの韓国語を見てみると、(11)や（12）のように子音字だけで表記されているもの

(11) 이야기 시작하자 ㅋㅋ

(12) ㄹㅇ?

が目立つ。韓国語を学習した際は、教科書や講師から、ハングルは「子音字＋母音字（＋子音字）」を束ねて書くと習ったはずだし、教科書や新聞をはじめとする書きことばでは実際にそのように表記さ

れているのだが、これらの子音字だけで表している表記は一体何なのだろうか。

　（11）は笑い声の「ㅋㅋ（クク：コミカルな笑い）」を、（12）は「리얼（リアル）」を表しており、そこで用いられるハングル各文字の頭の子音字（初声字）だけが抜き出されて、それぞれ「ㅋㅋ」「ㄹㅇ」となっていることがわかる。韓国語SNSではこうした頭子音字だけで表記する例が多くみられ、ほかにも「ㅎㅎ（하하（ハハ）/흐흐（フフ）、笑い声）」「ㅇㅈ（인정、認定（同意のこと））」など多数ある。ぜひ韓国語SNSを探索して実例を探し意味を考えてみよう。

　これは、ハングルという文字が、母音字、子音字という字素（字のパーツ）それぞれが音素（母音、子音という音）を表す音素文字でありながら、ひとつの文字を書くときは束ねて音節（音を発するときのひとつの固まり）単位で表記するからこそ起こる脱規範的な表記である。日本語の場合、仮名は音節文字（ひとつの文字がひとつの音節を表す）、漢字は表語文字（ひとつの文字が音と意味を表す）であるため、こうした子音字だけを取り出す表記が起こりづらい。どうしてもこうした表記をおこないたい場合は「w」のように、「笑」をいちど「warai」とラテンアルファベット表記し、その頭文字を取るしかない。ただその「w」を繰り返して用いて、草が生えるイメージと捉え、「草（生える）」という表現を生み出し、笑いという意味を表現するのは実は日本語に特徴的でそれはそれで非常におもしろい。

パッチムが減る!? 増える!?

　本書の読者の主たる層である、日本語話者の韓国語学習者にとって、韓国語単語を学ぶとき、終声やパッチムを覚えるのに非常に苦労をすることだろう。日本語はほとんどの場

合、子音だけを発音したり書いたりすることはないし、日本語の「ン」や「ッ」に相当するものは韓国語には複数ある。さらに韓国語

の終声とパッチムは一対一対応ではないため、単語や表現ごとにしっかりとパッチムまで覚える必要がある。

　そんな学習者泣かせのパッチムが韓国語SNSでは減ったり増えたりする。(13)は作成者のことを他者が「怖い」と言った発言を引用しているが、「무서웠대（怖かったって）」と本来表記すべきところを、「무서웠대」と入力送信している。過去を表す「-었-」のパッチムが本来「ㅆ」2つのところが1つに減っている。パッチムの発音ルールでご存じのとおり、発音上は、変化はない。韓国語SNSではこのようにパッチムが減ったり、ときになくなったりする表記も少なくない。「ㅆ」は「ㅅ」のボタンにShiftキーなど別キーを押して入力するが、その手間が省かれる。つまり入力の効率性を重視してのことだと考えられる。日本語SNSでも「わらった」を「わらた」と促音を抜かして表記することがあるのと共通している。

　一方でパッチムが増えるケースもある。(14)では「안녕하세요（こんにちは）」の最後の「요」にパッチム「ㅇ」が挿入されている。これは愛嬌を表す効果があるとされる。さらに話しことばでも用いられ、挿入された終声まで発音される。ほかに「넵（はい）」のように威勢を表すために「ㅂ」を挿入する例もある。ただこれは日本語にもある例で、「またね〜ん」と撥音を最後に入れて愛嬌を表したり、「はいっ！」と促音を入れて威勢を表したりすることもあるので、韓国語と共通していておもしろい。数年前に「〜ンゴ」という文末表現がインターネット上や若者のあいだで流行したが、この使用も撥音挿入による愛嬌効果が一因と考えられる。SNS上でパッチムが減ったり増えたりする点で、実は日本語と似ている部分がある。

発音どおりに書く!?

　韓国語を学ぶとき、学習者の多くが苦労するのが発音規則であろう。ハングルを習ってこれで韓国語がばっちり読めると思ったら、韓国語は「書いたとおりには読まない」ことが多く、ハングルを読むためには文字そのものだけでなく、発音のルールまで覚えなければならない。しかもその規則には条件がある場合もあり、数学のよ

うだという声も少なくない（対照的にルールがきっちりとしているから勉強しやすいという声ももちろんある）。現代韓国語の表記法は音よりも意味や語源を重視する表意主義的なものである。

しかし韓国語SNSでは「読むとおりに書く」という表音主義的な表記も多くみられる。(15)は本来、「맞아（合っている＝そうだ）」と「맞다」語幹の「맞」と語尾「-아」

の境界がしっかりとわかるように書く（分けて綴ることから「分綴」という）が、連音化した発音のまま「마자」と表記している（連ねて綴ることから「連綴」という）。もっとわかりやすく言えば、教科書で発音ルールを学んだときに、本来の形の横に、発音法則を適用したあとのものを角括弧で表記する（例：맞아［마자］）が、その角括弧のなかのもので入力送信することが韓国語SNSでよくみられる。

(16)でも、本来ならば「너 1시간도 안 걸리잖아（お前、1時間もかからないじゃない）」と表記するものであるが、「ㅎ無音化（弱化）」「二重パッチムの発音ルール」を、文字上でも適用して「너 1시간도 안걸리자나」と発音どおりに表記されている。(15)と同様に、韓国語教科書で角括弧に囲まれたもののほうで入力送信されている。こうした発音どおりに書くというのも、入力の効率性を重視していると思われるし、SNSが文字のやりとりであるものの「話している」感覚でおこなわれているとも考えられる。これは韓国語SNSで多くみられる分かち書きの無視についても言えるのではないかと思う。(16)でも短形否定形「안」のあとに本来ならばスペースが入るが、そのあとの用言とくっつけて書かれている。韓国語の正書法（表記のルール）から外れた脱規範的な表記である。

絵記号類が少ない!?

最後にSNSでもっとも目につき、特徴的であるといえる絵記号類に注目する。世界的に「Emoji」が流行していることはさきに述

べたが、韓国語SNSでも
他言語同様に、絵文字や
スタンプ、エモティコン
（Emoticon：Emotion ＋
Icon、顔文字）、ときに写
真や動画などの絵記号類

が用いられる。具体的には（17）〜（19）のとおりである。（17）は
絵文字、（18）はスタンプの例であり、それぞれKakaoTalkで入力送
信されたものである。（19）は「전액주징ㅠㅠ（全額くれなきゃ涙）」
のように、母音［yu］を表す「ㅠ」が泣いている様子を示し、それを
2つ合わせて表記することで悲しんでいる表情を表現している。

　このように韓国語SNSでも用いられる絵記号類であるが、実は日
本語と比較すると、韓国語は絵記号類を用いた表記が少ない。私は
この韓国KakaoTalkデータのほかに、2022年12月に日本LINEデ
ータも収集したが、日本では全体メッセージの4割以上が絵記号類
を含むものであったのに対して、韓国語では絵記号類を含むメッセ
ージは全体の1割弱にとどまった。なお「ㅋ」は笑い声を頭子音字
だけで表記しているものである一方で、今や笑う様子を表すエモテ
ィコンであるという考えもできるため、笑い声の「ㅋ」などもエモ
ティコンに含めて計算することもできるが、それでも2割程度にと
どまり、日本語には及ばない。

　そしてこの傾向は今に始まったことではない。私は2008年に一
般携帯電話のE-mail、SMSを日本と韓国で収集し、用いられる絵記
号類の数を比較したが、韓国語より日本語のほうが絵記号類を用い
た脱規範的表記の割合が有意に高いという結果が出た。日本語と比
較して韓国語は絵記号類が用いられることが少ないというのは、一
般携帯電話、スマートフォンというデバイスを問わずにみられる傾
向である。日本語と韓国語で文字の使い方の意識が異なり、日本語
は仮名や漢字のほかに絵記号類を用いるというヴィジュアル・コミ
ュニケーションへの志向性が強く、韓国語はハングルを中心的に利
用する。そしてそれがSNSにも反映されている。韓国語では顔文字
にも「ㅠㅠ」「ㅅㅁㅅ」のようにハングルが含まれているものが多い

のもその傾向の現れである。ぜひ読者の方々にも韓国語の顔文字からハングルを探してもらいたい。

母語話者を超える韓国語セカイへ!

SNSの韓国語セカイは「非標準的」「脱規範的」ではない!

　この章では韓国語SNSの特徴的な表現や表記を概観した。SNSの韓国語は非標準的、脱規範的なものとされるが、実例を見ることで日本語と類似した現象もみられたり、入力の効率性が重視されたものが多いことが見えたりした。一方でハングルという文字の特徴、韓国語という言語の特徴を大いにいかしたり、それらを踏まえたりした創造的な言語セカイであることがわかった。本章では扱えなかったが、こうした創造的な韓国語表現、表記を使用者は無秩序に使用しているわけではないことも示唆されている。本章では2023年にスマートフォンKakaoTalkでなされた仲のよい人同士のコミュニケーションを分析したが、私は2011年に一般携帯電話SMSを対象にも調査をおこなっている。その調査の結果では、年上や最近知り合いになった人に対しては「脱規範的」な表記の使用が減ることが明らかになっているし、目上の人に対しては「ㅋ」は使いづらく「ㅎ」を用いるという母語話者の声もある。おそらくこの傾向は現在のSNSコミュニケーションにおいても維持されている。SNSの韓国語セカイは非標準的、脱規範的なものでは決してなく、使用者の意識が介在した創造的なものであることがわかる。

　それでは学習者がこのSNSの韓国語セカイを楽しむにはどうすればよいだろうか。ここまで見てきたとおり、「非標準的」「脱規範的」な表現や表記は「標準的」「規範的」な表現をもとにして創造的に成立するものである。そのため半ば逆説や矛盾のように聞こえるかもしれないが、教科書で習う韓国語という静的・基本的なものをしっかりと学習してこそ、実際のSNSコミュニケーションで触れる韓国

語という動的・創造的なものを、母語話者と同様に、自立した言語使用者として学習者は楽しむことができるといえるのだ。そしてこのセカイは、ほかの言語ではなく、ハングルを中心とした文字コミュニケーションが盛んな韓国語だからこそ生きられる魅力的なセカイである。

▌ 母語話者に憧れるのはやめて超えよう！

　最後に改めて冒頭の『SPY × FAMILY』に戻ろう。アーニャ語の韓国語訳が興味深いものであることを示したが、これは韓国語母語話者である翻訳者が、日本語の「〜です」に対応する韓国語表現が2つあることを知っている、つまり韓国語だけでなく日本語を知っているからこそできる創造的な翻訳である。決して韓国語母語話者ならば誰でもできる翻訳ではない。この本の読者であるみなさんは日本語を知り、韓国語セカイに関心が高いだろう。日本語を知る読者だからこそ、母語話者を超える創造的な言語使用をSNSですることができるのではないだろうか。

　2023年3月にアメリカで開催されたWBC（World Baseball Classic）は日本が優勝したが、決勝のアメリカ戦を前にして大谷翔平選手（当時ロサンゼルス・エンジェルス）が「きょう1日だけは（アメリカに）憧れるのはやめよう。憧れてしまっては超えられない」旨の発言をしてチームを鼓舞したことは記憶に新しい。私はこの発言に深い感銘を受けたし、なにより韓国語をはじめとする言語学習全般に当てはまるものと考える。もちろん最初は憧れから入るのはまったく悪いことではないが、ぜひ読者のみなさんにも韓国語セカイで生きるうえで、いずれは憧れるのをやめて超えてほしい。創造的な言語使用がなされるSNSは、まさに学習者が学習者の視点をいかして活躍できる場であるし、SNSのセカイはもはや仮初めではなく現実のコミュニケーションそのものである。さあみんなで母語話者を超える韓国語セカイへ！ ㅎㅌㅎㅌ（하트「（ハート）」「화이팅（ファイティング）」を掛けてみました）

📖 参考文献

新井保裕（2013）『携帯メール言語研究──日本語と韓国語の対照を通じて』東京大学
　大学院総合文化研究科博士学位論文

新井保裕（2015）「携帯メール言語の分析を通じた「文字活用論」試論──東アジア言
　語の視点」『朝鮮語研究』6

生越直樹・尹盛熙・金智賢・新井保裕（2018）「省略から見えてくること──「磁石」
　な日本語と「チェーン」な韓国語」『社会言語科学会第42回研究大会発表論文集』社
　会言語科学会

10

朴鍾厚（박종후）

現職：同志社大学グローバル地域文化学部
　　　准教授

●好きな韓国語「햇볕」

とりあえず、日光が好きだ。新春、青い芝生に横たわってぼんやり
と日光を浴びるのが大好き。「지그시」目を閉じて、顔は「비스듬
히」空を向ける。身体が「따스한」温気が包まれると、心の芯まで
ぬくもるのだ。だから、日本語で好きなのは「日向ぼっこ」。

●日本語の学習方法

【中級のころにやっていたこと】

・漫画を読んでいた。特に、あだち充の作品は自分が主人公になった
　気持ちで、日本語の音読練習を兼ねて声に出して演技をしていた。
　私にとって漫画はモチベーション維持に特効薬であった。漫画は会
　話の状況がわかるため、語彙や文法の具体的な使い方が習得しやす
　い。最近は韓国のウェブトゥーンが人気を集めているので、みなさ
　んにもぜひ読んでみてほしい。

【今つづけていること】

・まずは、子どもたちが寝る前に日本語の絵本を読んであげている。
　絵本を読むことで一日一回は音読練習を欠かさずおこなっている。
・多方面の書籍を読んでいる（やはりこれは黙読）。より高次元の語
　彙を習得したいなと思い、専攻である言語学の本だけではなく、
　なるべくさまざまな分野の本を読んでいる。

キーワード

韓国語教育　　　パラダイム　　　マルチメディア

日本人外国語下手論　　　AI

ここがポイント

・日本への興味から、思いもよらぬ韓国語教育のセカイへ

・韓国語教育の現状と、これからの展望

・韓国語教育にデジタル革命をいかすことが大事

日本の韓国語教育セカイを散策しながら

朴鍾厚（同志社大学）

日本の韓国語教育セカイの散策者

　まず、私の自己紹介から始めよう。私は、当事者であり、観察者である。――何の？日本の韓国語教育セカイの、である。いや、ヴァルター・ベンヤミン（Walter Benjamin：1892～1940、ドイツの哲学者・文芸評論家）ふうに少しカッコよく「散策者（Der Flaneur）」としよう。そうそう。私は、日本の韓国語教育セカイの「散策者」である。

　散策者はその街に住み、その街をのんびりと歩くが、周りをよく見ている。前方ばかり見ながら大急ぎで早歩きする人とは少し違う。前（から）も見るし、後ろ（から）も見る。上（から）も見るし、下（から）も見る。周りを注意深く観察するのが、散策者は、本当に得意なのだ。

　12年前に韓国から来日したあと、私はずっと日本で暮らし、今は日本の大学で韓国語を教えている。そういう面から見れば、私は日本の韓国語教育セカイの当事者であろう。だが、たまにではあるものの、私にはやはり「異邦人（L'Étranger）」という感覚もある。普通に日本で生活して、日本の大学で仕事をしていても、何らかの違和感を覚えるときがある。そのため、いつからか、私は日本という社会と日韓関係に関わる物事について広くアンテナを張り、細かく調べるようになった。特に日本の韓国語教育セカイについては自分の職業ということもあり、常に目を配っている。

私と日本、そして外国語としての韓国語教育

——夕方5時半、小さな男の子がいつもテレビの前に座っている。宿題は、もうとっくに済ませている。一日の日課のなかでもっとも楽しみにしている、アニメが放送される時間なのだ。テレビ画面に釘付けになり、男の子は無我夢中だ。お母さんの「아들, 밥먹어（息子、ご飯よ）」という声も耳に入ってこない。でも、お母さんにごつんとゲンコツをお見舞いされると、さすがに痛みは感じられる。ああ、今いちばんおもしろい場面なのに……——

漫画とアニメで日本というセカイへ

　最初に私が日本語を学び始めたのは、高校生のときだった。でも、日本に興味を持ったのは小学生のときから。日本でK-POPや韓国ドラマにはまった人たちが韓国に興味を持ち、韓国語を学び始めるのと同じように、私は日本の漫画やアニメがきっかけで日本に関心を持ち日本語を学び始めた（実は、私のような40代の韓国人男性って、相当いるんだろうなぁ）。私の場合、いちばん好きだったのは「未来少年コナン」。あの宮崎駿監督が初めて全話の演出を担当した長編テレビアニメで、彼の実質的な監督デビュー作のようなものだ。

　大好きでたまらないアニメが日本の作品だと知って、幼いながらも日本に対する好奇心が湧いたことを、昨日のように思い出す。日本はどんな国で、どういう人たちが住んでいるんだろう。そして、どうしてこんなにおもしろくて、感動的で、素晴らしいアニメが作れるのだろうか。本当に、ただただ、それが知りたかった。その後も「ドラゴンボール」「タッチ」「スラムダンク」「機動戦士ガンダム」「超時空要塞マクロス」「新世紀エヴァンゲリオン」「20世紀少年」などさまざまな漫画やアニメを見てきたし、最近も「推しの子」や「呪術廻戦」や「SPYxFAMILY」などを楽しんでいる。

　私が外国語高等学校に進学して日本語を専攻しようと決めたのも、

その後日本で暮らすようになったのも、恐らくこれらの数々の日本の漫画やアニメの影響が大きかっただろう。

夢にも思わなかった韓国語教育のセカイ

　今は、韓国語教育という分野に本格的に携わることになって15年が経つが、初めて私が外国人に韓国語を教えたのは交換留学生として日本に住んでいた2000年代初めの頃だった。大学4年生のとき、私は交換留学で日本に来た。平日は学校のある多摩へ行き授業を受け、週末は江戸川区にあるお寺のカルチャー教室のようなところに招かれ、韓国語を教えた。今考えてみると、あの人たちはまさに現在の韓国語学習ブームの先駆けだったのだ。まあ、とにかくアルバイト感覚ではあったが、これが韓国語教員としての私の第一歩であることには違いない。

　最初はどう教えればよいのか戸惑いも大きかった。本屋に行ってみても、当時は教材の数も少なく、自分がよいと思える教材がなかなか見つからなかった。結局、自作のプリントを使って授業をしたのだが、プリントの準備をする過程で「国語国文学科の出身なのに、どうしてこんなに母語についての知識がないんだろう……」と落ち込んだことは一度や二度ではなかった。

　それもそのはず、実は私は文学が好きで国語国文学科へ進学した人間で、交換留学で日本に来るまでは、韓国で小説のことばかり考えていた。したがって、外国人に韓国語を教えるなんて、夢にも思っていなかった。あの頃は、今のように日本で、あるいは世界で、たくさんの人たちが韓国語を学ぶようになるとは想像もしていなかった。しかし、日本のお寺で韓国語を教えているうちに私は、人と人が出会い、互いにコミュニケーションをとろうと一生懸命に努力することの素晴らしさに、感銘を受けた。また、なによりも教えることが楽しかった。

　そこで韓国に戻ってから進学した大学院では、思い切って進路を変え、語学を専攻することにした。以降、大学院に入ってからも、またその後、語学堂（韓国の大学に設置されている語学学校）で韓

国語を教えるようになってからも、私はずっと日本と関わり続けることになった。大学院では日本語で書かれた論文の要約を任されたり、語学堂でも日本人学生の相談役になったり、日本人の多いクラスの担任になったりもした。それから 2012 年に来日し、本格的に日本の大学で韓国語を教えることになった。

あれこれ数えてみると、日本語を学び始めて 30 年。日本の韓国語教育セカイに何らかのかたちで関わり始めてから、実に 23 年になる。

日本の韓国語教育セカイの「現在地」

長年日本で韓国や韓国語関連分野に携わって来た人たちにとっては、今の日本の韓国語ブームは隔世の感がある。もちろん、1965 年の日韓国交正常化以降、日韓の文化交流は絶え間なく続いてきたし、韓国語を学んでいる日本人も少なからず存在していた。だが、単なる「推し活」のための趣味派から専門家を目指す本格派までその裾野が大きく広がったのは、2002 年の日韓共催ワールドカップや 2003 年の韓国ドラマ「冬のソナタ」流行以降、この 20 年間のことである。実に最近の日本における韓国語教育の急速な量的拡大は著しい。以下のデータを見てみよう。

表1. 韓国語科目を設置している日本の大学の数と割合

年度	1977	1983	2001	2007	2014	2020
学校数 (全体)	30 (431)	47 (457)	285 (669)	430 (773)	474 (781)	466 (790)
比率	6.7%	10.3%	42.6%	55.6%	60.7%	59.0%

(出典：文部科学省)

表 1 は韓国語科目が設置されている日本の大学の数と、全大学におけるその比率を表しているが、さまざまな論文で引用された文部科学省の調査データなどを、私がもういちどまとめたものである。この表からわかるように、2000 年代に入ってから韓国語科目を設置している大学の数や比率が大幅に増加している。

日本ならではの「韓国語学習書」ブーム

　第4次韓流ブーム[1]とも言われる今、第3次ブームのときと比べると韓国語科目のある大学の数はそこまで増えてはいない。だが、実際の状況をいろんな大学の先生たちと話してみると、韓国語の授業の履修を希望する学生はこの数年間かなり増えているらしい。教室や教員が足りなくてクラス数を増やしたくても増やせないほどだという。そのような影響もあってか、韓国語学習書の売上額は増加の一途をたどっている。2022年度には、日本の語学書全体の売上額の12%を韓国語学習書が占めるまでになった。これは、英語学習書に続く第2位だという。

　語学書の売り上げが伸びているということはその分学習者の数も増えていると見てよいだろう。本好きな日本人の気質の影響もあるかもしれないが、韓国以外の国で出版・販売されている韓国語教材は、日本が数も種類も圧倒的に多い。日本以外の海外では、韓国で作られた教材をそのまま使うか、翻訳出版された教材を使う場合がほとんどである。まず、多くの国において韓国語教育の歴史がそれほど長くない。また、韓国語教育に関わる人的インフラもまだまだ不足しているからである。一方、日本は韓国語教育の歴史も長く、その長い歴史のなかで培ってきたノウハウや人的インフラも豊富である。そのため、日本で日本語母語話者向けに作られた教材を使う場合が多い（韓国で刊行された語学堂のテキストやTOPIK対策本を使う場合はある）。

日本の韓国語教育の質的向上をはばむもの

　本書のあちこちで少しずつ触れられているが、この20年間、日本の韓国語教育は急激な量的拡大を見せてきた。では、質的な面においてはどうだろう。質的な評価については人によってさまざまな意見があると思うが、私は、あまり肯定的には捉えていない。その

[1]　韓流ブームの時代区分については、HANAの浅見綾子さんの論考（76-78ページ）も参照していただきたい。

もっとも大きい理由は「次世代の専門家育成の危機」と、ひとことにまとめられるだろう。

　量的拡大が質的向上を担保するためには、良質の人的インフラの拡充が必要不可欠である。つまり、次世代の育成はなによりも重要である。「専門家の卵」である大学院生はまさに「次世代」の代表例で、将来研究者や教育者になったり、韓国と関わる専門家になったりすることが期待される。ところが現在、日本の大学院で韓国語、あるいは韓国に関するテーマを専攻としている大学院生はそれほど多くはない。そもそも韓国語、韓国関連で博士後期課程を開設している大学が少ないという状況もあるし、また、日本全体で人文系の大学院生が減少している影響もあるだろう。

　「卵が先か、ニワトリが先か」という話になるかもしれないが、研究者や専門家を育成できていないという現状は、日本の韓国語教育セカイをとりまくほかのさまざまな問題に複雑に絡んでくる。たとえば、「レベル別、目的別、年齢や発達レベルに沿った教材の不足」だ。先に述べたとおり日本では韓国語学習書の売上が好調であるが、刊行される学習書の多くが入門・初級レベルに集中しているという問題がある。最近、中級学習者のための本が少しずつ出版され始めているものの、上級学習者向けとなるとまだまだ不足している状況である。

日本の韓国語教育セカイのパラダイム

　日本で出版されている韓国語学習書を見てみよう。韓国で刊行されたものと異なり、多くの場合、主格助詞が「가/이」（〜が）の順に書かれている。つまり、母音語幹につくものが先に提示されている。認知言語学の知見からすると、横書きの場合は視線が左から右へと動くので、重要度が高いものは一般的に左側に配置される。上のように「가/이」の順に書かれている場合、母音語幹につく「가」を韓国語の主格助詞の代表形態として捉えていると推察される。異

なる形態がある助詞には「를／을」（〜を）などもあるが、この提示順もやはり、韓国で出版された韓国語学習書とは逆になっている。

これらの提示順の違いは、日本語の特徴である「開音節（母音で終わる）」という音節構造を反映したものと考えられる。母音が関わるものをより代表的なものとして捉える考えともいえようか。

こういった提示順の違いといった一見ささいな事柄も、やはり日本の韓国語教育のパラダイム（特定の時代や分野において支配的な規範となる物の見方や捉え方）を構成する要素といえるだろう。

パラダイムの把握は、その分野やテーマに対する基本的なアプローチや理論の枠組みを知ることであり、知識の深化や拡充、柔軟な思考力の向上、新たなアイデアの創出や発見の可能性の拡大など、個人や社会の知的成長において重要な要素となる。それであれば、日本における韓国語教育セカイのパラダイムを把握しておくことで、学習者個人の韓国語能力や学習スキルの向上はもちろん、日本の韓国語教育界全般のさらなる発展につながる何かを生み出すこともできるのではないか。

ここからは、「散策者」としての私の立場から見えてきた、日本の韓国語教育セカイの３つのパラダイムについて、検討を加えてみる。すなわち、「テキスト中心主義」「日韓言語類似論」、そして「日本人外国語下手論」である。

パラダイム ①：テキスト中心主義

学習者にとって教員はお手本である。教員がネイティブ・スピーカーであれば、なおさらそうである。そのため、実際には話されない言葉を口にするのはあまり望ましくない。韓国語ネイティブの先生の韓国語授業を見学したときのことだが、先生が学生に向かって「次は『으비읍시다』（〜しましょう）について説明します」と言った。ん？「으비읍시다」？一瞬何を言っているのかわからなかった。あとで教科書を見返して、丁寧な勧誘文である「-읍시다」（〜しましょう）のことを言っていたんだな、とわかった。その教科書には「（으）ㅂ시다」と書いてあったので、おそらくそのように言ったの

だろう。だが、韓国語学習書に書いてあるからといって「(으) ㅂ시다」を「으비읍시다」と読んだり、あるいは、動詞を活用しないで「먹다」「가다」のように基本形でそのまま読んだりすることは、学習者のことを考えると、控えたほうがよいかもしれない。なぜなら、実際には「(으) ㅂ시다」のような言葉はないし、それを「으비읍시다」のように読んだりもしないからだ。それなのに、どうして日本の教科書にはこのような書き方がされていることが多いのだろう。やはりこれは、言語は音声を通して口や耳で学ぶものというより、テキストを通して目で学ぶものだと考えているためではないか。つまり、日本の韓国語教育セカイでは、聴覚中心主義ではなく視覚中心主義、あるいは、音声中心主義ではなく文字中心主義が標準とされているのではないだろうか。私は、これらを全部一括りにして「テキスト中心主義」と呼んでいる。

　交通と通信が未発達だった時代、ほかの言語を学ぶにはさまざまな制限や限界があった。かつてリンガ・フランカ（lingua franca、母語が異なる人のあいだで使われる共通言語）だったラテン語や漢文にしても、書籍、つまりテキストに書いてある文章で通じ合えばよく、実際目の前にいる相手とのコミュニケーションで使われるわけではなかった。当時の外国語学習は自己完結性を持つもので、他者との意思疎通は必ずしも不要な、いわば「自己満足」な性質のものだった。

　これは日本でも同じだった。昔から日本は漢文、蘭学、近代諸科学まで、テキストの翻訳を通して当代世界の先端の文化や文物を吸収してきた伝統がある。これにより日本は近代化の出発には西欧諸国に出遅れたものの、あとから追いつくことに成功したという経験がある。デジタル時代の今日でも日本ではいまだに紙の新聞が優位性を占め、出版業界が健在なのは、このような長いあいだに身についたサクセスストーリーがあるためかもしれない。

■ パラダイム ②：日韓言語類似論

　関西空港からソウルに行く飛行機のなかで、こんなことがあった。

外はあいにくの雨。でも、飛行機が雨雲を超え、いつのまにか空が晴れ上がったとき、私は心のなかで「날씨 좋네！（天気いいなあ！）」と呟いた。すると同時に小学校３年生くらいの男の子の日本語が聞こえてきた。「ええ天気やなぁ！」。韓国語だと形容詞文になるが、日本語だと名詞文になる。実は構造的に大きく異なっているのだ。

　日本語と韓国語は似ていると言われる。基本語順も同じSOV型で、名詞に助詞がついたり、動詞に語尾がついたりして文法機能を表す。さらに、形態論的に膠着語であることや、語彙体系のなかに漢語が多いことも似ている。そのためか、昔から金沢庄三郎をはじめ多くの研究者たちが日本語と韓国語は同じ系統であるという主張をしてきた。

　ウラル・アルタイ語族説またはアルタイ語族説というのは、この本を手にとっている人ならどこかで聞いたことがあるだろう。私も中高生のとき、国語の授業で先生から聞いた。しかし、言語の系統関係を論じる比較言語学では二つの言語が同系であると認めるためには、基礎語彙において一定の音韻対応がみられなければならない。だが、日本語と韓国語のあいだにはそのような音韻対応がみられない。さらに、今日ではウラル・アルタイ語族やアルタイ語族というもの自体もあまり認められていない状況である。そのため、日韓両言語の同系説はほぼ支持されなくなっている。

　日韓両言語の類似点を強調することで入門や初級段階へのハードルを低くすることは、一見よいことかもしれない。しかし、類似点ばかり強調されると、中上級に上がってから主に気づくことになる両言語の相違点に戸惑う人が増えるだろう。上にいけばいくほどネイティブに近い韓国語を求められるようになるのに、母語である日本語の干渉がなかなか消えない人が多いのも、共通点を強調しすぎることから来る副作用のようなものかもしれない。母語の干渉は上級への最大の障害物である。それを少しでも減らすために、デフォルトとして頭に入れておくべきなのは、共通点ではなく相違点ではないだろうか。

パラダイム ③：日本人外国語下手論

「日本は島国だから、外国語が下手」。島国と外国語能力にどういう相関関係があるかはよくわからないが、このような話をよく耳にする。一方、韓国語は日本語と似ているらしいから、英語よりも身につきそうだと思い、学び始める人も多い（実は韓国でも逆のパターンで、何か外国語ひとつくらいは身につけなければと思うけど、英語はできないし、それなら簡単そうな日本語でも学んでみようかと、日本語を学び始める人もかなりいる）。

日本で出版されている教科書の話に戻ろう。そこにはよく日本語の視点からの韓国語の解説が書いてある。たとえば、韓国語の単母音（字）を説明する際、文字の成り立ちからの「ㅏ ㅓ ㅗ ㅜ ㅡ ㅣ ㅐ ㅔ」の順ではなく、日本語の「あいうえお」に合わせたような「ㅏ ㅣ ㅜ ㅡ ㅔ ㅐ ㅗ ㅓ」の順で提示するものが多い。この提示方法こそ日本人にとってはなじみがあるため、わかりやすいという理屈だ。だが、これは、発音に注目しすぎて文字としてのハングルそのものの特徴をうまく活用できていない覚え方である。

さきほど述べたように形態が二つ以上ある助詞や語尾の代表形態を決める方法も同じである。主格助詞（〜が）を、韓国現地の方式の「이/가」の順ではなく「가/이」の順で提示するのも、その根底には（実際の正しさは多少犠牲にしても）外国語が下手な日本人に優しい方法で教えようという考え方があるように感じる。しかし、日本人だけが特別に外国語が下手だといえようか。

言語習得は、その目標言語が何であれ、全部大変だ。みんな赤ちゃんのときの記憶がないから覚えていないだけで、よく考えてみたら母語だってすごく苦労して手に入れた能力であるし、死ぬまで磨くべきものでもある。

そもそも日本人外国語下手論の原因となるのは、私の考えでは、今まで日本でメジャー言語として扱われてきた言語が、あまりにも日本語と類型的に異なるタイプの言語だったためではないか。漢文、つまり古典中国語、オランダ語、ポルトガル語、スペイン語、明治維新以降は英語、フランス語、ドイツ語など、ひとつも日本語と文

法的にも発音的にも近しい言語がない。翻訳なら何もしゃべらず辞書さえ傍に置けばなんとかなるものの、実際の会話となると言語間の距離が遠ければなかなか難しいものだ。特に、日本人はスピーキング能力が弱いとよく言われるのも、その原因は日本人の言語学習能力というよりは、このような国の政策や制度の影響であっただろう。「もともと日本人は外国語が下手」という強迫観念のような前提が、リアルなコミュニケーションを遠ざけ、「自分だけできない」「失敗するのが恥ずかしい」というマインドを助長させてきたのではないか。

 ## これからの時代の韓国語教育セカイへ

——カシャカシャ！　カメラのシャッターの音が授業中の教室に響く。アイドルでも来たかと思いきや、よく見てみると、みんな教材の読解文を撮っている。すぐに翻訳アプリで内容を確認するのだ。ある学生はそれで終わりだが、賢い学生はちゃんと自分の訳と比べながらメモをとる。——

マルチメディアの韓国語コミュニケーション

現代社会において、「テキスト」は多種多様なメディアの一部でしかない。人と人とのコミュニケーションは常に何らかの「メディア＝媒介」を通しておこなわれるが、その媒介物はまさにマルチメディア化している。テキストという形式を基準としたラテン語・漢文的な外国語学習も、もちろんその重要性がなくなるわけではないけれど、これからよりいっそうさまざまなほかのメディアによって相対化されていく必要があるだろう。

たとえば、ボイスメッセージや動画メッセージ。テキストがメインだったメッセージアプリでさえ、いまや声や映像でのやりとりがこれほどまでに手軽になり、日常生活に浸透してきている。

授業内の作文で「비티에스를 사랑해요（BTSを愛しています）」と書いてみることと、動画メッセージで「비티에스를 사랑해요」と言って動画ファイルを作ってみることを想像してみてほしい。文字情報としては同じでも、後者にはそのほかにもさまざまなコミュニケーション情報が求められる。どのような表情で言った？どんなイントネーションで言った？ゆっくり話した？ テキパキ速く話した？ジェスチャーはどうだった？ …それだけではない。どういう相手をイメージしただろうか？ジェンダー、世代、知り合いかどうか…。これらはもともと「対面」でのコミュニケーションにおいて重要な要素であったが、テクノロジーの発達により、それがデジタル空間においても無視できない要素になってきている。

　そうした相手に対して、その場面で、はたして「비티에스를 사랑해요」という言い方でよかったのだろうか？ 現代ではそれをアウトプットするだけでなく、簡単にファイルとして残すことができ、またすぐ共有することもできるのだから、自分自身やクラスメイトと振り返り確認しあって、先生が「もしかしたら、その場合は「비티에스를 좋아해요？（BTSを愛していますか？）」ように最後のイントネーションを上げたほうがいいんじゃないですか？」とアドバイスをする、といった授業の仕方が取り入れられていくのではないだろうか。

日本語を基準としない韓国語学習

　私は「日本語と韓国語が似ている」といった学びの楽しみを全否定するつもりはない。ただ、そういった先入観が根深ければ根深いほど、中級以上を目指すときには妨げになることが多いので、かなり気をつけなければいけないと言いたいだけなのだ。

　だから、韓国語を「日本語とはまったく異なる言語」として割り切って勉強するという方法もあることを伝えておきたい。「日本語を基準として韓国語を学ぶ」のがミックス方式だとすれば、私が言いたいのは、「韓国語をそもそも日本語とは別のフレームとして学ぶ」という「フォルダ分け方式」である。その前提のうえで、部分的に

似ている点を見つけたら、楽しんだりおもしろがったりすればよい
と思う。これで、たとえば「박 선생님*가（←이）한국어를 가르쳐
요」（朴先生が韓国語を教えています）のような誤用は減るのではな
いかと考えられる。

　第二言語ができる人の脳は、母語のみ使う人の脳と比べて活性化
される部位がだいぶ広くなると言われている。両者はもちろんシナ
プスでつながっているが、イメージとしてはまさに別のフォルダを
行き来するといったものである。

　私には現在、小2と幼稚園の年長の娘がいるが、こうしたフォル
ダ分けはごく自然な言語行為だと感じたことがある。私の妻は日本
語が母語で、家庭内も日本語、だから小さな娘たちも普段は日本語
しか話さない。あるとき、LINEのビデオ通話で、韓国にいる私の
両親（娘たちにとっては祖父母）と話していた。娘たちは韓国語が
わからないので、私があいだに入って通訳をするのが常である。あ
れこれひととおり話が盛り上がったあと、私が長女に「もうそろそ
ろ電話切るから『あいさつ』してね」と日本語で言った。すると娘
はごく自然に「안녕히 계세요」（さようなら）と言う。そして韓国
の祖父母（私の両親）を「ハラボジ（祖父）、ハラモニ（祖母）」と呼
び、日本の祖父母（妻の両親）を「じーじ、ばーば」と呼ぶようにな
っている。「昨日ね、ハラボジからメッセージきたでしょ」と言うの
で、どちらの祖父かわかりやすくなったという思わぬメリットもあ
る。

　また、誕生日の歌でも似たようなことがあった。私たち夫婦は、
娘たちが赤ちゃんのころから、「じーじ、ばーば」と一緒に祝うとき
には日本語で歌い、「ハラボジ、ハラモニ」と一緒に祝うときには
韓国語で「생일 축하합니다」（お誕生日おめでとう）と歌っていた。
そうしていたらある年のこと、驚いたことに、長女が韓国のハラボ
ジの誕生日に、韓国語で誕生日の歌を歌ったのだった。

　娘は呼びかけたり歌ってあげたりする相手を見て、それに合わせ
て使い分けている。だから、日本語と韓国語のフォルダを分けて考
えることは、なにも人間離れした高度なことではない。幼い子ども
がごく自然におこなうふるまいである。

「韓国語を日本語とは別のフレームとして学ぶ」というフォルダ分け方式のメリットは、とくに中級以上を目指す場合に、日本語のルールに引きずられた誤用が少なくなるということである。そして、そもそも異なる言語として学ぶという発想は、言語だけでなく異文化理解においても大切な前提となる考え方だ。似ているからよいわけではない。違っているからこそ、ときに似ていることがおもしろいのだ。

■ AIと韓国語「能力」の変化にあわせて

最後に「日本人外国語下手論」と絡めて、今後のテクノロジーの可能性を紹介しておこう。2023年に大きな話題となったChatGPTなどの生成AIは、さらにマルチモーダル化（文字だけでなく音声や画像や動画など異なる種類の情報を複合的に処理する）への発展が進んでいる。もちろんコロナ禍以降、国や地域を超えたオンライン学習は急速に拡大したが、それどころかAIが自由で複雑な会話や作文の練習相手となれば、「島国だから」「シャイな国民性だから」といった理屈も関係なくなり、「自分だけできない」「失敗するのが恥ずかしい」といった悩みさえも解消される。孤独だとしても孤立はしない学びの共同体、それはすでに到来しつつある現実なのである。

そもそも今の生成AIやAI翻訳の発展をめぐっては、人間の「能力」というものの概念を変えざるをえないかもしれない。今まで「能力」とは、自分の身についているもので、いつでもとり出して何かをやり遂げるために自由自在に使えるものであった。だが、今後は私たちの身体そのものがデジタルツールによって外部へ拡張してしまい、「能力」の使い方さえ変わる。

たとえば、従来の作文の方法はあるテーマについて書く際、まず関連書籍や報告書など何か文章を読んでから書くというプロセスだった。どこにその資料やデータがあるか、どれだけたくさんの資料を読めるか、それらをどうやって総合的にまとめるかなどが個人の能力だった。しかし、今後はまず膨大なデータ収集（しかも2023年末に発表されたGoogleの「Gemini」のように文字・映像・動画・

音声を横断的に）をもとに生成AIに書き出してもらってから、それを読んで修正するプロセスに変わっていくだろう。そうなると、先に物事について考えて構成するちからより、判別して修正するちからが求められるようになる。だから、たとえ語学の授業であっても、韓国語そのものだけでなく、韓国語のあらゆる素材や資料やデータをどのように収集し、どのような方向性でプロンプト（指示文）を作り出力させ、どんな場面や相手に応じて修正していくか、といった技術的な能力をセットで学んでいくことが必要になるだろう。

　また、翻訳や通訳についてもAIとの上手なコーワーク（協働）の関係を築いていかなければならない。語学の授業では、昔ながらの先生は「AI翻訳を絶対に使わせない」というケースが多いかもしれない。ところが逆に学生のほうは「AI翻訳を無条件にそのまま信じる」といった場合が多い。つまり、語学授業には「AI翻訳は存在していない」という建前なのに、実際は多くの学生が「AI翻訳を無批判に信じている」という奇妙な状況になっているのだ。

　教育もAIを排除するよりAIと上手く付き合うことを模索すべき時期に来ているのではないか。「AIに翻訳をさせたとき、どのようなエラーが出るか」をクラスで確認し、おかしいと思う点をみんなで話しあってみることは語学学習にとってもプラスである。あるいは「私は雨男です」のようにその社会の文化要素が強く反映されている文に対して、AI翻訳が「저는 비남자입니다.」という文を出したとき、どのような日本語文を書けばAIが最適な韓国語（「저는 비를 몰고 다니는 남자입니다.」）へと翻訳しやすいのか、といったことを考え合うのもよい。

　今後は「AIによるリアルタイム通訳」がさらに進む。音声認識と文字起こし、多言語翻訳、合成音声による再現といった技術の組み合わせのことである。いずれにしても、こうした議論をフィードバックしていくことは、AIの持続的な改善のための集合知にもつながるのだから、実はAI時代における新しい「社会参加」になっていくことだろう。

韓国語のデジタル革命を生き残れ

　今まで韓国語は日本社会でどちらかといえばマイナー言語であったため、そこまで多様なアプローチは求められていなかったかもしれない。でも、やはり今は時代が変わり、日韓関係も変わり、日本社会における韓国や韓国語の位相も変わり、韓国語学習者の目標やニーズも変わった。このようにめまぐるしく何もかもがどんどん変化していく時代の中心に、革命的とも形容されるデジタルツールのめざましい発展がある。おかげでさまざまな目標に合わせたオーダーメイド学習が可能な時代になったのだ。

　日本の韓国語セカイは教科書を超え、教室を超え、ドンドン広がっている。ここで重要なのは相手のことを尊重し、置かれた状況を読みとり、いかに時と場面に合わせた内容とツールで対応ができるかということだろう。そのため、デジタルツールで拡張される五感を用いたマルチコミュニケーション能力を養う教育が求められる。

　ここまで日本の韓国語教育セカイの散策者として私が見てきたもの、そしてこれからの展望について述べた。もちろんこれらは私の目に見えたセカイであり、日本の韓国語教育のすべてではない。また、既存のパラダイムがすべて間違いだと言っているわけでもない。ただ、現象を把握し、よりよいものにしていくための議論のたたき台を作りたかったのだ。

　ダーウィンではないが、「強い者が生き残るわけではなく、時代が変わっても、それに上手く適応する者は生き残れる」と言いたい。そして生き残った者が、強い者なのだ。デジタル革命の時代、私たちの道は無数に開かれている。

　「日本人だけが外国語が下手」ということは決してない。外国語はすべて難しいのだから、時代や個人に合わせた方法を常に模索すべきである。そのなかで、学者は何のために外国語を習い、教員は何を、どうやって教えるべきなのか。私の「散策者」としての歩みと思索はこれからも続く。

原文

（編者のひとりが2019年9月に高校生を対象におこなった講義録）
共感できないからといって理解を諦めるのではなく、むしろ共感できない
相手に対してこそ理解しようとする姿勢、そのための方法を身につけてい
くことが今、大切です。かつては目盛り4と目盛り5くらいの目盛りの
違い、「ボリュームの違い」にすぎなかったのが、今は「物差し（scale）」
そのものが違うんですね。同じ目盛りでボリュームだけを調整すれば済む
話ではなく、各自が自分の持っている物差し、スケール自体を変えていか
ないといけない。常に「スケールシフト」をしていかないとヤバい時代に
私たちは生きています。

浅羽祐樹「「史上最悪の日韓関係」をどのように「読み解く」か」
https://clf.doshisha.ac.jp/clf/preparation_course/2019.html

中級

공감할 수 없다고 해서 이해를 포기하는 게 아니라, 오히려
그런 상대에 대해서야말로 이해하려고 하는 자세, 그러기
위한 방법을 배우는 게 지금 중요합니다. 전에는 같은 잣대
로 4와 5의 차이, "분량의 차이"에 불과했습니다만 지금은
잣대（scale）자체가 다르다는 겁니다. 같은 잣대로 분량만
조절하면 끝나는 얘기가 아니라, 각자가 갖고 있는 잣대를
바꿔 나가야 해요. 언제나 "잣대의 변혁（scale shift）"을
도모하지 않으면 안 되는 시대에 우리는 살고 있습니다.

上級

공감할 수 없다고 해서 이해하는 걸 포기할 게 아니라, 오
히려 그런 상대일수록 더 이해하려고 하는 자세, 그러기 위
한 방법을 몸에 익히는 게 중요합니다. 전에는 같은 잣대로
재는 4와 5의 차이, 즉 "분량의 차이"에 불과했다면 지금
은 잣대 자체가 다르다는 거거든요. 같은 잣대로 분량만 조
절하면 끝나는 얘기가 아니라, 사람마다 다른 잣대를 가지
고, 또 그것을 스스로 바꿔 나가야 하는 것죠. 항상 잣대
자체를 되돌아보고 제때 바꿔 나가지 않으면 못 살아 남을
세상에, 우리들 모두가 지금 살고 있는 겁니다.

ここで差がつく

　講義録という読み物ですので、文尾は基本的に「ですます」で整えられていますが、元々のトークでは実にさまざまで、その痕跡が「である」1か所、「ね」という語尾にわずかに残っています。

　トークや会話は生き物、生ものなので、「その時、その場」、相手の反応に応じて、距離を詰めたり離れたりを繰り返します。ソーシャル・ディスタンスがいちばん出るのが韓国語セカイだと語尾でしょう。常に「I think」から始まり、「생각합니다」や합니다体で終わると、単調ですし、そんな講義だと眠くなるのも当然ですよね。

　「違うんですね」の「ん」は、書き言葉だと「の」とすべきなのでしょうが、あえてそうしているのと同じように、「다르다는 겁니다」よりも「다르다는 거거든요」のほうが話し言葉をまだしも感じさせます。最後の「私たちは生きています」も、「살고 있습니다」と「살고 있는 겁니다」は同じ합니다体でも、ニュアンスが随分異なります。ここはトーク全体の主張の核心でもありますので、力強く言い切りたいところです。

　「ヤバい」は高校生が対象ということで、そもそもあえて用いられているわけですが、両者とも「지 않으면 안 되다／못 하다（～しないといけない／できない）」を核にしつつ、上級では「ヤバい（못 살아）」に韓国語話者の常用句を生かしています。

　講義録にトークのライブ感を反映させる、逆に講義録から話し言葉を想像させるのは至難の業ですが、挑戦しがいがあります。

プロフェッショナルの流儀

　11章で四代にわたる「家の歴史」が描かれていますが、「話し言葉」にはその人の来歴や「いま、ここ」がつまっています。初めに、ことばがあり、文字ができたのは、人類の歴史上、ごく最近のことです。母語はまず音として耳にします。そして、いつしか単語を発し、つなげ、話すようになります。

　第二言語の場合、「読む」が礎になり、「聴く」「書く」「話す」へとつながりますが、学習ストラテジー（6章）を適宜見直したいですね。

（浅羽祐樹）

213

原文

존재에 집중해서 묻고 듣고, 더 많이 묻고 더 많이 듣다 보면 사람도 상황도 전모를 드러낸다. 그랬구나. 그런데 그건 어떤 마음에서 그런 건데. 네 마음은 어땠는데? 핑퐁게임 하듯 주고받는 동안 둘의 마음이 서서히 주파수가 맞아간다. 소리가 정확하게 들리기 시작한다. 공감 혹은 공명이다.

정혜신 〈정혜신의 적정심리학 당신이 옳다〉 해냄, 2018년, 296-7쪽

中級

存在に集中して、訊ね、聴き、さらにたくさん訊ね、さらにたくさん聴いてみると、人も、状況も、全貌を現す。そうだったのか。ところで、それはどんな気持ちからそうだったのか。あなたの気持ちはどうだったのか?ピンポンゲームをしているように、やりとりしている間に二人の心が徐々に周波数が合っていく。声が正確に聞こえ始める。共感あるいは共鳴である。

上級

「存在自体」に気持ちを集中し、そこにある感情や気持ちについて問いかける。そうしてたくさんの問いを発しているうちに、次第にその人の心がはっきりと見えてくる。「そうだったのね」「それはどのような心の働きがそうさせたの?」「あなたその時、どんな気持ちだった?」などと、卓球のラリーを続けるように言葉を交わす間、ふたりの心は徐々に周波数を合わせていく。そして、互いの言っていることがはっきりと聞こえ始める。それが、共感、あるいは共鳴である。

チョン・ヘシン（羅一慶訳）『あなたは正しい 自分を助け大切な人の心を癒す「共感」の力』飛鳥新社、2021年、355頁。

ここで差がつく

原著者は精神科医で、2014年のセウォル号沈没事故など社会的トラウマの現場に赴き、臨床に携わりながら、忠告・助言・評価・判断、「正しい言葉（바른말）」を自制することを強調しています。

カギ括弧内は、原著者が臨床の場で実際に患者・被害者にかけている言葉で、まずは「그랬구나（そうだったのね）」と無条件で受けいれるという姿勢を示しています。「のね」という語尾を充て、あえて女性性、原著者のポジショナリティ（性別）をはっきりさせています。ジェンダーをはじめポリティカル・コレクトネスが問われているなか、確信がなければ、このように「カードを切る」ことはできません。

この段落の最初の文、文字である「存在自体」のカギ括弧や「自体」の追加や、最後の文で「それが」という主語の追加も、そうすることで段落全体が引き締まります。なにより、医師・患者の関係に限らず、「人の間」で大切なことは、その人の役割（学生・娘など）ではなく「存在自体」に「共感す」ることだという原著者の一貫した言動を際立たせます。

主格の助詞「가/이（が）」「은/는（は）」や、自動詞（주파수가 맞아간다）／他動詞（周波数を合わせていく）も、適宜、替えています。能動態／受動態、動詞中心（인경을 낀 사람）／名詞中心（メガネの人）なども適宜、替えていくべきでしょう。目的語を適宜、補ったり（「言葉を」交わす）、省いたりすることも大切です。

プロフェッショナルの流儀

訳者は「経済的・社会的基盤の危機に直面し、心理的につらい状況下」（日本語版「訳者あとがき」383頁）で本書に出会い、訳出したといいます。そうした当事者性がなければ翻訳できないわけではありませんが、翻訳には、言語学習には、「〈逃避〉のため」「〈幸福〉のため」（12章）という「それ自体」の醍醐味があります。

言語はコミュニケーションの道具にすぎないのではなく、LINEスタンプ（9章）やハングル書芸も、それ自体が目的なのです。

（浅羽祐樹）

第 **3** 部

11

梁紅梅（량[양]홍매）

現職：言語学研究、大学で中国語・韓国語
　　　非常勤講師など

●好きな韓国語「하루삼시」

韓国語固有語の「하루」と漢字語「삼시（三時）」からできた言葉。
「一日三食」の意味で、「하루세끼」ともいえる。「하루삼시」をき
ちんと取れてこそ、健康にもつながり、韓国語学習や研究、仕事
といった「マラソン」も最後まで完走できる糧となるだろう。

●韓国語の学習方法

【中級のころにやっていたこと】

・人と文化に慣れる努力をする。相手の考え方を理解し、尊重しな
がら付き合う。韓国では飲み会などの集まりに行きながら、共通
点を見つけ出し、徐々に慣れ親しんだ。スポーツが好きなので、
サッカー、卓球などを通じて友達を作った。韓国語標準語の話し
言葉は飲み会で身につけ、書き言葉は勉強を重ねた。

【今つづけていること】

・ニュースを読む。韓国ドラマを見る。K-POPを聴く。アイドル情
報をある程度把握する。ニュースを読み、ドラマを見るのは最近
の韓国の変化を理解するため。K-POPは大学生たちが興味を持っ
ているものに共感できるから。アイドルは授業のネタにもなる。
特に多言語を話すアイドルが増えているので、語学の授業ではい
い励みになる。

キーワード

朝鮮族　　　中国　　　家族史

多言語家庭　　　高麗人

ここがポイント

・「朝鮮族」と呼ばれる人びとの「朝鮮語」って？

・四世代にわたる家族と多言語の歴史

・ロシアや中央アジアで「高麗人」と呼ばれる人びと

中国朝鮮族の移動と言葉

梁紅梅

朝鮮半島だけじゃない、朝鮮の人びと

　私は中国の延辺地方（中国語ではイェンピェン、朝鮮語ではヨンビョン）というところで生まれた、いわゆる「朝鮮族」のひとりである。祖父母の移住から数えると移民三代目になる。中国の東北の地には私のように朝鮮族と呼ばれる朝鮮民族の一部が多く住んでいる。その多くは朝鮮半島から、19世紀末〜20世紀半ばごろにかけて延辺の地に移り住んだ移住者たちの子孫である。

　朝鮮民族は、韓国（大韓民国）だけに存在しているのではない。北朝鮮（朝鮮民主主義人民共和国）を含めた朝鮮半島はもちろん、さまざまな歴史を経て、アメリカ、中国、日本、ロシア、中央アジアなど、朝鮮語をアイデンティティとする人々のコミュニティは世界各地に広がっているのである。

　中国における朝鮮民族は、55の少数民族のひとつとして「朝鮮族」と呼ばれている。中華人民共和国の成立後、朝鮮族は中国である程度の自治の権利を保ち、民族の言葉を守ってきた。このように朝鮮族は朝鮮語と中国語のバイリンガルでも知られるが、とはいえその実態は一様ではない。たとえば、同じ地域でも移住者の一代目とその子孫の二代目、三代目、四代目を比較すると言語の運用能力や選択、民族意識などには顕著な差がある。また、地域ごとにも、古くからコミュニティが集中している延辺地域、古くから定住者が散在している通化市、近年になって朝鮮族の増加が著しい大連市を比較すると、朝鮮語・中国語の使用や能力などに顕著な違いがあるとされている（新井 2021）。この違いは世代、経歴、国家の民族言

語政策などにより大きく左右されている。

　本章では、私の個人的な経験をもとに、中国延辺地域の朝鮮族の移動にともなう多言語生活のありようと変化、そして多民族家庭内ではどのように複数の言語が使われているのかを紹介したい。また、私や私の周囲の人たちの民族と文化に対する認識なども取り上げることにする。そして最後に、ロシアや中央アジアの高麗人についても知ってもらえればと思う。

朝鮮族とは誰か？

　中国の朝鮮民族を「朝鮮族」と認定したのは 1949 年に中華人民共和国が成立してからだった。その前は「朝鮮人」「韓民」「韓僑」とも呼ばれていた。中国には現在約 170 万人の朝鮮族が住んでいる（『中国統計年鑑 2021』）が、2010 年の約 183 万人、2000 年の約 192 万人に比べると、人口は減少傾向にある。朝鮮族が集中的に住む地域が延辺朝鮮族自治州で、朝鮮族人口の約 4 割がこの地に住んでいる。私は延辺の中心都市である延吉（中国語ではイェンチー、朝鮮語ではヨンギル）市出身で、朝鮮族の変化を身近に経験してきた。

　現在の中国の朝鮮族と関わる歴史はおおむね 19 世紀後半から始まるが、朝鮮半島からの移住の目的はさまざまであり、生活難、政治的理由、日本政府による集団移住者が多かった（高崎 1996）。また、あまり知られていないが、延辺地域には 1920 年代から日本の外務省在外指定校などが設立され、朝鮮語教育を求める留学民などもかなりいた。愛国詩人の尹東柱が延辺の地で勉学していたことは有名な話である。

　私の祖父は 1921 年に朝鮮の鍾城（現在の北朝鮮の最北部）で生まれ、小学校卒業後、延辺の龍井（現在の中国の極東にある吉林省の都市）に留学に来たという。卒業後はそのまま就職し、根を下ろしていた。祖父はまさに「朝鮮人」「韓僑」「中国の朝鮮族」時代を生

きた。その移動とともに言語使用に変化があったのに違いない。

延辺朝鮮語の歴史

　延辺朝鮮語は近代、延辺の地に流れてきた朝鮮語の各方言がそのまま発展し、北朝鮮の影響を受けながら、中国で独自の発展を遂げていった。これは移住民の歴史と密接な関係がある。

　延辺朝鮮語は咸鏡道方言（現在の北朝鮮における最北の地方）もしくは北朝鮮の言葉に属すという考え方が多いが、実際に済州道方言以外のすべての方言が中国朝鮮語に存在している。その特徴はひとつの地域に多くの方言が共存し、同じ方言区域であっても同じ単語に対してアクセント、意味解釈などに差がみられる。具体的にいうと、延辺地区には咸鏡道方言が多いが、忠清道、慶尚道方言（ともに現在の韓国の中南部）の区域もあり、また咸鏡道方言の地域のなかでも言語のバリエーションはさまざまである。1945年から延辺地域の朝鮮語を軸に朝鮮語規範が作られ始め、1960年代は平壌語の基準を取り入れ、1970年代後半からは平壌語基準のうえに実情に合わせ独自の基準を見出している（『言語史』1995）。

　移住初期から現在の延辺地域の朝鮮語が形成されるまで、言語使用のあり方は大きく3段階に分けることができる。第1段階は移住者一代目の祖父母世代、第2段階はおおむね移住者の二・三代目の世代、第3段階は移住者の四代目時代（2000年前後）に分けられる。そしてこれらは、私の家族の歴史にぴったりと重なるのである。では、私の家族史を事例として、朝鮮族の言語使用のあり方と変化を見ていこう。

① 祖父母の世代の中国朝鮮語

　私の祖父は小学校卒業後、1927年ごろに朝鮮の鍾城から豆満江（中国・北朝鮮から日本海へ注ぐ大きな河川）を渡り、延辺の龍井県の中学校に入学したという。母語は（近代）朝鮮語で、中学校では朝鮮語、日本語、中国語を学んだと推測できる。祖父はその後、延

辺の大学で教員として長く働いた。祖父母ともに日本統治時代に学校に通い、日本語教育を受けていた。朝鮮語を母語としつつ、日本語が上手だった。祖父母世代はまさに朝鮮語と日本語のバイリンガルだった。祖父はのちに中国語も身につけマルチリンガルになっていたと思われるが、祖母は主婦だったため、中国語は得意ではなかった。祖母の中国語会話は常に朝鮮語混じりだった。

「로태태, 사과 유마?（老太太、苹果有吗？）（おばあさん、リンゴある？）」
「세개, 께바!（三个、给吧）（三個ください。）」

このような朝鮮語混じりの中国語は1990年代まで延辺の地では普通の現象だった。

朝鮮族社会で人気の朝鮮語舞台劇を소품（小品）というが、『수이러우 매바（水肉买吧）（魚を買ってください。）』は大ヒット作のひとつだった。「魚」のことを中国語が下手な朝鮮族の叔母さんが「水肉」と表現し、売りに出る話だった。

延辺朝鮮語の形成において、第一段階は主に移住者の第一世代を中心とするが、この時期の特徴は近代の朝鮮半島の言葉を母語としながら、日本語のほうが中国語より上手だった。

祖父母と子どもたち

② 父母と私の世代の中国朝鮮語

第2段階は移住者の二代目・三代目になるが、私の親と私の世代からなる。一代目の祖父母たちと違って、中国で生まれ、朝鮮語学校に通いながらも中国の教育を受けながら成長していった世代である。自らを中国の朝鮮族として認識し、生まれたころからすでに中

国語と朝鮮語のバイリンガルになっていて、家庭内では朝鮮語を使いながら、中国語を使うべき場面ではほぼ完全な中国語を使っていた。朝鮮語そのものもかなり変化を遂げていたが、朝鮮語会話には多くの中国語の単語が混ざって使われていた。以下、我が家の母と私の普段の会話を見てみよう。

　　母：「땐스 그만 보구 숙제 좀 해라（テレビやめて、宿題しなさい。）」
　　私：「언녕 다 했슴다（もうやったよ。）」
　　母：「그램 빨리 말해야지. 츠판（だったら早く言ってよ、ご飯食べるわ。）」
　　私：「어머네, 오늘 초채 먹기쇼.（ママ、今日は炒め物食べよう。）」
　　母：「초채 네리 먹고 렁맨 먹자（炒め物は明日にして、冷麺を食べよう。）」
　　私：「그램 렁맨까 꿔보러우.（だったら冷麺と酢豚。）」

　上の会話では中国語の「땐스（電視）」、「츠판（吃飯）」、「초채（炒菜）」、「렁맨（冷麺）」、「꿔보러우（鍋包肉）」などの単語が混ざっていることがわかる。教育現場でもこのような現象があり、学生たちの作文では中国語単語の音訳をそのまま使うケースも少なくなかった。

このように延辺朝鮮語の第二段階を生きる移住者二代・三代目の多くは延辺朝鮮語と中国語を母国語とするバイリンガルであり、かつ中国人として自らを認識している。

母と小学生のころの私

③ 私の子どもたちの世代の中国朝鮮語

　2000年前後に生まれた子どもたちは移住者四代目が多いが、近年の中国の言語政策に大きく影響され、朝鮮語使用が減少する傾向

にある。さらに 2020 年前後に生まれた子どもたちは幼稚園から中国語一筋で育てられ、小学校でも朝鮮語科目は正式科目から外されて、家庭内でも自ら朝鮮語を話そうとしていない。

　私の家族では、四世代にあたる子どもたちが朝鮮語を話せないのが実情である。それは自分を含む移住者の三代目がほとんど、上海、大連などの大都市か、韓国、日本、アメリカに移住しており、その子息となると社会的に朝鮮語と接触する機会がないからである。現在、延辺にいる 30 代の朝鮮族の母とまだ幼児の子どもとの会話は以下のようなものになっている。

　　母：「좀 빨리 걸어라（ちょっと早く歩きなさい。）」
　　子：「妈妈我累了。（ママ、疲れたよ。）」
　　母：「나두 바쁘다, 니마 바쁘야?（私も忙しいの、あなただけじゃないのよ）」
　　子：「那你也休息吧（ではママも休みなよ。）」

　朝鮮語で話しかける母に対し、子どもは完全に中国語で対応しているのがわかる。親の影響で朝鮮語は聞きとれるが、ほとんど口に出そうとしない。このことは言葉とともに「朝鮮族」という民族意識も低下しつつあることを意味している。

　このように近代から現在、100 年のあいだに中国に住む朝鮮族と、その朝鮮族が主な会話手段としている延辺朝鮮語は大きく変化しつつある。

韓国語の影響

　最近の延辺朝鮮語の変化を見てみると、もっとも大きな影響を与えているのは韓国語である。これは韓国文化の浸透と韓国への移動しやすさなどが深く関わっている。

　そこで次は、韓国語による延辺朝鮮語の変化と朝鮮族の受け入れ

方を、私の経験をもとに延辺時代と韓国時代に分け、具体例ととも
に見てみよう。

延辺での朝鮮語と韓国語

　1988年のソウルオリンピックをきっかけに、延辺の朝鮮族の人々
は韓国に対して新しい認識をもつようになった。1992年に韓国と
中国のあいだで国交が樹立され、両国の交流は急速に進み、延辺は
大きく変わり始めた。韓国にルーツを持つ人々はつながりを探して
次々と韓国に出かけ、その後は留学、出稼ぎ労働者などを含め、韓
国とのつながりは深まる一方だった。特に衛星チャンネルを使い韓
国のテレビ番組をリアルタイムでみられるようになり、韓国標準語
の影響も徐々に現れるようになった。意外にも、先に影響が現れた
のは会話より書き言葉のほうだった。
　私は大学では中国語教育を専門とし、卒業後は地元の高校で教員
として働いていたのだが、その朝鮮族学校では、2000年前後から
高校生たちの作文に韓国式表現が現れ始めていた。

　A「우리 삼촌은 매짭니다（私の叔父はカッコいいです。）」
　B「우리 삼촌은 멋있습니다（私の叔父はカッコいいです。）」

　C「새 수갑을 샀습니다.（新しい手袋を買いました。）」
　D「새로운 장갑을 샀습니다.（新しい手袋を買いました。）」

　これは実際に私が担当した授業（2000年度、延吉市第二高等学
校［朝鮮族学校］）での、高校生たちの作文である。AとCの作文は
朝鮮語式、BとDは韓国語の影響を受けたとみられる文章である。
「カッコいい」という表現を、Aでは「매짜다」という延辺朝鮮語を
使っているが、Bでは「멋있다」に変わっている。またCの「수갑」
は中国語の影響で延辺地域では「手袋」を表すが、韓国語ではDの
ように「장갑」が「手袋」を意味する（韓国語だと「수갑」は「手
錠」になってしまう）。私は実際、韓国で数回「手袋」を「수갑」と

言ってしまって、周囲を笑わせた経験がある。

　一方、同じ書き言葉でも、延辺朝鮮族のSNSではとても興味深い現象が生じており、作文などの正式な文語で使う表現と真逆の現象がみられる。たとえば以下のような、母と子のwechat（微信とも呼ばれる中国のSNSアプリ）での会話を見てほしい。

　　母（A）：「빨리 오라, 어째 이리 춥니（早くきて、寒くて死に
　　　　　　　そうだよ。）」
　　子（B）：「예, 알았슴다. 지금 <u>어딤까</u>?（はい、わかりました。
　　　　　　　今どこですか？）」
　　母（C）：「백화 앞이다.（デパート前だよ。）」
　　子（D）：「<u>빠이훠따러우</u> 금방 갈게. <u>동삼</u>이 <u>데비</u> 오는 <u>맴다</u>
　　　　　　　（デパートにすぐ行くよ。冬が再びくるみたいね。）」

　これは、SNSで母と子がデパートの前で待ち合わせをする会話だが、母のAとCの文章のほうがより文語的で正式な文章である。一方、子どものBとDの文章は、語尾において「어딤까」、「맴다」などの口語的な表現をそのまま使っているし、Dではデパートの中国語の音訳「빠이훠따러우（百貨大楼）」を使い、さらに「동삼（冬）」、「데비（再び）」などの延辺朝鮮語も使っている。つまり子どもの文が延辺朝鮮語や中国語の音訳をそのまま使っていることがわかる。このように延辺朝鮮族の50代以上の層のSNS会話では正式な文語を使う傾向が強く、私を含む40代では口語式朝鮮語を書くことに抵抗はありながらも徐々に使いつつあり、30代以下では口語式の砕けた朝鮮語を使うのが普通の現象になっている。

　作文などの正式な文章では韓国式表現を使うのに、SNS上では若いほど延辺朝鮮語を使いたがるという傾向は、若者の意識の深層で、韓国とは異なる「朝鮮族」としての民族意識の高まりを表しているのかもしれない。

　少なくともSNSのなかった時代には、延辺朝鮮語では口語と文語がはっきり分かれ、文語ではより正式的な言葉を使っていた。中国でSNSが本格的に普及したのは2010年以降だが、初期にはSNS

でも正式な文語を使う人が多かったが、だんだん口語をそのまま写すのが普通になっていった。そもそも砕けた言葉を使う傾向は韓国のSNS使用から始まり（「추카추카」、「방가방가」など）、その文化をみならった朝鮮族の若者たちが、いつのまにか、より使いやすいSNS上で民族意識を覚醒させ、逆に朝鮮語方言形を使うようになったのかもしれない。このような現象も韓国からの文化輸入と自分が持っていた文化とのぶつかりあいから生まれたと推測できる。

韓国での朝鮮語と韓国語

　私は地元の朝鮮族学校に勤めたあと、留学のチャンスをつかみ、ソウル大学の大学院に進学した。中国の朝鮮族は、70万人以上が韓国に住んでいるという。国交正常化初期はお金稼ぎの目的がもっとも多かったが、近ごろは留学、就職、ビジネスなど多様に変化しつつある。今度はそんな韓国における延辺朝鮮語と韓国語の状況について紹介しよう。

　当時の私は、延辺朝鮮語と韓国語との違いに、留学準備過程で願書を出すときからすでに直面した。経歴欄に「고중에서 공작하고 있다（高校で工作する）」と書いてしまい、審査の先生たちを驚かせたそうだ。「공작（工作）」は韓国では「秘密工作」という意味をもち、延辺では中国語の影響で「勤務する」という意味を持っていた。

　延辺朝鮮語話者が韓国語を受け入れる第一歩は、語尾の「-습니다 /습다（〜です）」（※かなり目上や初対面の相手に使う）を韓国式に「-아요 /어요（〜です）」（※親しみのある相手に使う）に直すことから始まる。

　個々の単語の違いとアクセントを除き、私がもっとも苦労したのは韓国語における外来語の使用だった。たとえば「써머타임（サマータイム）」、「오바하지마（オーバーしないで）」などだが、恥ずかしかったのはあるお寺で住職に「티벳 문제를 어떻게 생각해요？（チベット問題をどう思いますか）」と質問されて、「티벳」が聞きとれなかったことだった。延辺朝鮮語に多くの中国語の単語が入って

いるように、韓国語にも多くの英語の借用語が入っていた。

　単語の違いのほかに、韓国式の尊敬語の使い方を間違えたことも少なくなかった。

　　先輩：「교수님께서 뭐라 하셨어요？（教授は何とおっしゃいましたか。）」
　　私　：「교수님이 가 보시라고 했어요．（教授が行かれてみてと言いました。）」

　あるとき、大学の先輩との会話で、私は文法上自分を指すところに尊敬語尾の「시라고（なさって）」を使い、教授のほうには「했어요（したよ）」の平常文の語尾を使ってしまった。ただし、これは単純な間違いというより、文化の差によるものとも解釈できる。延辺朝鮮語では尊敬語が存在するものの、中国語の影響でそれほど正確な使用を求められていない現状がある。中国語には朝鮮語あるいは韓国語のように目上の人に尊敬を表す特別な文法などは存在せず、そのため中国語の影響を長く受けている延辺の朝鮮語でも尊敬語を厳密には求められていないのも事実である。

　韓国における朝鮮語話者にとって、韓国語の受け入れ方は個人差を含め、生活環境、学歴、居住地域によって異なっているが、朝鮮語がこれからも韓国語の影響を受け続けることはいうまでもなく、どのように変化していくのかは楽しみである。

　このように延辺朝鮮語話者たちは韓国語に慣れ、韓国式表現を抵抗なく受け入れる一方、さきほど見たように、最近のSNSなどの空間では民族意識が働き、逆に延辺朝鮮語を使うようになっている。

多言語家庭では何語を話してる？

　延辺の朝鮮族の移動は中国の大都市、韓国に限らず、日本、アメリカなど世界中に広まっている。

次は、延辺朝鮮族のひとりとして、現在日本在住の私の事例を挙げて、多言語家庭内での会話と子どもに対する言語教育の様子を紹介したい。

　夫（A）：「자기야, 산뽀 갔다 온다.（散歩行ってくるよ。）」
　妻（B）：「알았어, 빨리 갔다 와.（わかった、早く行ってきて。）」
　夫（C）：「사올 게 없어？（買うものない？）」
　妻（D）：「納豆、ヨーグルト、ワインないよ。」
　夫（E）：「알았어. 기다려.（わかった。待っててね。）」
　妻（F）：「気をつけて〜」

　これは我が家の日常会話である。夫は日本人、妻である私の出身は延辺朝鮮族。二人は韓国で出会い、英語圏で数年住み、現在は日本で暮らしている。夫が韓国語のレベルを保ちたいと思っているため、普段の会話では韓国語を使用している一方、私は日本語がうまくなりたいと思い、日本語を使いたいという傾向があり、上の会話例のように、夫が韓国語、妻の私が日本語をそれぞれ使いながら話すことが多い。
　夫はAでの「산뽀（散歩）」以外の言葉は韓国語で話しかけてくるのに対し、私のほうはB、D、Fのように韓国語と日本語を混ぜて使っている。二人の会話では延辺朝鮮語式の言葉はほとんど登場しないが、夫は延辺朝鮮語の70％は理解できるという。家庭内では中国語と英語もよく登場するが、日常会話よりは仕事で使う傾向がある。
　我が家では子どもたちの言語教育には特に強制をしておらず、自然に身につける方式を取り入れているが、私の母が毎年半分くらい日本で過ごしているため、子どもはその影響で朝鮮語にも慣れ親しんでいた。そのため子どもは、親が会話している韓国語と、私の母の朝鮮語をともに理解しており、延辺式朝鮮語は自分で話すこともできる。家庭内の親と子の会話はほとんど日本語でおこなわれているのだが、朝鮮語についてはおそらく私の母との会話のなかで自然に習得したのだと思われる。以下は、日本に短期滞在している私の母と、私たちの子どもの会話である。

祖母（A）　：「료~리, 뭐 먹개？（料理、何食べる？）」
子ども（B）：「저거 먹<u>게</u>.（あれ食べる。）」

祖母（C）　：「이거 좋니？（これいいの？）」
子ども（D）：「<u>아이</u> 좋<u>다</u>.（よくない。）」

祖母（E）　：「잘 있어？（元気に過ごした？）」
子ども（F）：「<u>아이</u> 잘 있<u>어</u>.（元気じゃない。）」
※延辺朝鮮語で「아이」は否定形、ソウル標準語の「아니」と同じ意味

　私たちの子どもは特に朝鮮語と韓国語は習ってないが、私の母と過ごすあいだに朝鮮語を習得しているようである。ただ、言語を習得した環境が主に私の母と二人の会話によるものなので、子どもは祖母の話をそのままコピーする傾向が強い。祖母のA、C、Eのような質問に対し、子どもはBで終結語尾「-게（～したい）」、Dでは「-다（用言語尾）」、Fでは「-어（～た）」を使い、一回も尊敬語尾を使っていない。また子どもの返事のDとFでは否定詞「아이（～ではない）」を使っているが、「아이（～ではない）」を用言の前に付けると否定を表すということは理解しているようだ。ちなみに不思議なことに親同士が韓国語で会話している内容もほぼ理解しているが、それを子ども本人が発話するのは難しいようで、ほとんど延辺朝鮮語式になっている。

　多言語家庭で育つ子どもの場合、必要に応じて子どもが自ら第一言語、第二言語に分け、自分にもっとも有利な（習いやすい）環境において言語を習得していることがわかる。

　さきほど延辺朝鮮族の四代目は朝鮮語が話せない子どもが多いといったものの、このように意外なところで、延辺朝鮮語は語り続けられているのである。

「高麗人」と言葉

フィギュアスケート競技でカザフスタンに初のメダル（2014年のソチオリンピック）をもたらしたデニス・テンという選手がいる。東洋的な顔立ちの彼は、いわゆる「高麗人」である。「テン」という姓は韓国語の「丁」の文字のロシア式発音だそうだ。ロシアや中央アジアには約47万人の「高麗人」が住んでいる。

朝鮮半島以外の朝鮮民族のなかで、中国の「朝鮮族」の移動と類似する経歴を持っているのが旧ソ連圏のコリアン・ディアスポラ（朝鮮半島から移動した人々）で、「高麗人（コリョ・サラム）」と呼ばれる朝鮮民族の集団である。最後に中国の「朝鮮族」と比べながら、「高麗人」の歴史と言葉に触れてみよう。

「高麗人」とは？

かつてのソビエト連邦（現在のロシア）の朝鮮人社会においては、自らを表す名称として「朝鮮人」、「高麗人」が併用される時期が長く続いた。1920年代はじめまでは「韓人」がもっとも一般的な名称だったという。「高麗人」は「南」「北」どちらにも肩入れせず、中立的な立場を守ろうとして、「韓国人」「朝鮮人」ではなく、第三の「高麗人」を使ったとも言われている（現代語学塾1991）。

「朝鮮族」は中国政府から法的に定義され「朝鮮の民族」を表すものであるが、「高麗人」はロシア語のKорё-сарам（コリョ・サラム）（Сарамは韓国語の사람［人］）と呼ばれていたものを、そのまま自分たちの名称にしたようだ。

「高麗人」の移住の歴史は、19世紀半ばから極東ロシア沿海地方に移住したのが始まりとされるが、ロシアの正式な記録としては1864年に朝鮮系移民が初めて認定されている。この年は朝鮮民族の海外移住の起源だと言われる（『한국민족문화대백과사전』）。日露戦争、日本による韓国併合、ロシア革命、三・一運動、シベリア戦

争などの時期に大量の人々がロシアの沿海州を中心とする北方に移住していった（現代語学塾 1991）。中国の「朝鮮族」が中華人民共和国の成立以後、中国人として他民族とともに文化大革命、改革開放など「同苦同楽」を経験したとしたら、「高麗人」たちは旧ソ連政権下、少数民族として、もっぱら差別、弾圧などの被害を受け、移動を容赦なくされてきた。

　そんな「高麗人」たちは 1937 年に旧ソ連の弾圧対象となり、2回目の大移動を経験したとされる。約 20 万人の「高麗人」が主に当時の「ソビエト中央アジア」（ウズベク、キルギス、タジク、トルクメンの四つの共和国）とカザフスタンに強制移住させられ（現代語学塾 1991）、集団農場を営むようになったが、この移動により多くの人が厳しい環境で命を落としたという。

　さらに旧ソビエト連邦政権が崩壊したあと、「高麗人」たちはそれまで使用していたロシア語のほかに、移住させられたその地の言語をも学ばなければいけなくなった。

　「高麗語」（近代朝鮮語）の使用については、移住当初は教育機関などが設立され、高麗語教育がおこなわれていたが、1930 年代からの 10 年間は高麗語の使用が禁止された。移住民の一代目は母語として流暢な高麗語を使用していたが、二代目・三代目となるにつれ高麗語の能力は衰えていき、中央アジアの高麗語話者は現在 1％にも達していないという統計もみられる。ロシアの環境に適応するため、彼らの多くはロシア語を第一言語として選択し、移住者四代目に突入するなか、多くの高麗人は自らをロシア人あるいは中央アジアの住民と認識しているという。このような民族意識は「朝鮮族」の実態と類似する部分もあるが、「朝鮮族」の場合、朝鮮語と中国語のバイリンガルとして教育されていた点では大きい差がある。とはいえ、2020 年以降の中国朝鮮族の移住四代目が、将来的に「高麗人」の言語状況と似たような状況に直面する可能性は十分あるだろう。

　韓国と旧ソビエト連邦は 1990 年に国交を樹立し、「高麗人」たちは韓国政府から在外同胞と認定されるようになり、近年韓国への移住者も増えて、「高麗人」コミュニティが形成されるようになっている。世界的人気を誇る K-POP などの影響でソウルの大学では、

中央アジアからの「高麗人」留学生たちも増えているが、やはり言語の大きな違いが最初にぶつかる高い壁になっている。この点で言葉の問題は、中国朝鮮族とのもっとも大きい違いであるだろう。

高麗人の言葉

「高麗人」の「高麗語」は朝鮮半島の咸鏡道方言がメインだと言われている。移住当時10代だった人々が70代、80代になったため、「高麗語」も消滅危機に直面している。「朝鮮族」が使用する「朝鮮語」が近代朝鮮語から発達したのと同じく、「高麗語」も近代朝鮮語から発達したのだが、長いあいだ朝鮮半島の言語文化とは離れて存在してきたため、独自の発展をなしている。調査によれば、高麗語保有者は日常的な自然体口語と格式的な文語体口語を保っているとされている。

どのような話しぶりか、調査資料による実例（権在一 2010）から紹介しておこう。この話者は当時82歳の女性である。

(1) 닭으 제 뿌리구 왔습구마. 어째 제 뿌리고 왔는가이끄드나 우리르 불시르 이주시켓습구마…. 쇠수레들으 몰고 거기르 뽀시예트꺼지 가게…. 삼십칠연도에 여기 와서 까삭스탄 와서 그거 마 에매씨나 탔는지 돈 탔습갯구마. (鶏を捨ててきました。なぜ捨てたかというと、我々を急に移住させたのです…。牛車に乗って、ポシェト（Посьет）まで行って…、37年度にここカザフスタンにきて、いくらかもらったか、お金をもらいました。)

(2) 이짝에는 아쌈브리（楽団）있습구마. 무시카（音楽）여러기지 키타라（ギター）두 있고 피아니노（ピアノ）두 있고…。(ここでは楽団があります。音楽にはギターもあるし、ピアノもある…。)

(1)でみられるように文章の語尾には「구마（です、ます）」、「끄드나（〜かというと）」を使っている。「구마」は咸鏡道方言でみら

235

れる現象で、方言では「合다（咸鏡道方言のです、ます）」より下位の「ですます」状の語尾にあたる。「끄드나」は日本語の「〜かというと」の意味の連結詞にあたるが、「구마」と「끄드나」は延辺朝鮮語でも普通にみられる特徴でもある。(2)では音楽と関係のある「아쌈브리」、「무시카」、「키타라」、「피아니노」などが使われているが、このような用語はロシア語の影響によるものだと考えられる。中国朝鮮語に多くの中国語借用語が入っているのと同じく高麗語にも多くのロシア語の借用語が入っていることがわかる。ロシア語の部分を除けば、中国の「朝鮮族」がこの文章を理解するには何の問題もないだろう。

　これらの例は完全に自然体の口語だが、次の例はより格式的な文語体の口語の例である。

（1）원동에서 들올 때가 내가 야듭 살 때였습니다. 야듭 살이, 이십구연 생입니다.（遠東から入ってきたとき、私が8歳のときでした。8歳、29年生です。）

（2）핵교서 배운 말대루 우리 말했습니다. 그렇게 말 아이 했습니다.（学校で習ったとおり私たち喋りました。そのように喋ってません。）

　自然体口語との違いは「습니다（です）」、「입니다（ます）」などの語尾の使用にあることがわかる。これらはより丁寧な話し方であり、正式な場所でよく使われ、書くときの文章体とはまた異なるものである。同じ現象は延辺朝鮮語でもみられるが、学歴、家の方針などにより、自然体の口語と文語体の口語は分けられている。おそらく近代朝鮮語の特徴のひとつなのだろう。高麗語も朝鮮語も近代朝鮮語から発展してきたものとして、深層ではこのような自然体の口語、格式的な文語体の口語を分けて使われるという共通点がありながら、方言話者の人口、言語の環境などにより、それぞれ独自の歴史（ロシア語による影響と中国語による影響、他方言による影響など）を経験してきたのだ。

このように「高麗人」と「朝鮮族」は、ともに朝鮮半島からの近代の移住民であって、移住してからの歴史、移動、言語使用などには共通点もあるが、それと同時に大きく異なる部分も多い。ただ、高麗語に起きている危機言語意識が、今の中国の朝鮮語でも起きうるということは間違いない事実であろう。

■ 朝鮮語／韓国語セカイは広くて深い

延辺朝鮮族の歴史はまさに移動の歴史であった。19世紀末から100年にわたって、延辺の地に定着し、その後、大都市や海外への移動を経験してきたのだった。そうした移動のなかでも、自分を朝鮮族として認識できるのは、やはり朝鮮語を守ってきたからである。延辺朝鮮語は日本語の影響、中国語の影響、韓国語の影響を受けながらも、延辺の地で独自の変化を遂げてきた。

また本章の最後では、中国を越えて、さらにロシアと中央アジアに分布する高麗人の歴史と言語を紹介したが、このように朝鮮語は世界各地に散らばり、多くの共通点を保ちながら、かつそれぞれの異なる歴史をたどってきた。アメリカや日本の朝鮮語についても同じことがいえるだろう。こうした朝鮮語／韓国語セカイの豊かな広がり、奥深さを少しでも知っていただけたら、私としてはなによりの喜びである。

📖 参考文献

新井保裕・三宅和子編（2021）『モビリティとことばをめぐる挑戦』ひつじ書房
現代語学塾（1991）『在ソ朝鮮人のペレストロイカ』凱風社
高崎宗司（1996）『中国朝鮮族』明石書店
中国統計年鑑（2021）（2023年12月15日閲覧）
　https://www. jst.go.jp
北京大学朝鮮文化研究所（1995）『言語史 中国朝鮮民族文化史大系1』民族出版社

한국민족문화대백과사전
　https://encykorea.aks.ac.kr　最終閲覧日2023年12月15日
권재일（2010）『중앙아시아 고려말의 문법（中央アジア 高麗語の文法）』서울대학교
　출판문화원

12

辻野裕紀（쓰지노 유키）

現職：九州大学大学院言語文化研究院　准教授

●好きな韓国語「무지개」

中世語では므즈게で、語構成は믈《水》＋지게《門、扉》という複合語。虹が「水の門」とは何ともロマンチックではないか。日本語の「みなと（港）」（＜水＋な＋門、「な」は「まなこ（眼）」などの「な」と同じき属格助詞）の語源と似ているのもおもしろい。余談だが、무지개と言えば、映画『ラブストーリー（原題：클래식）』のラストシーンをいつも思い出す。

●韓国語の学習方法

【中級のころにやっていたこと】

・ひたすら語彙を増やすことを心がけていた。韓国語で何と言うのだろうと思った日本語の単語をその都度徹底して調べ上げ、片っ端から丸暗記した。思いついたときに調べないと忘れるので、常に分厚い辞書を持ち歩いていた。日本語話者にとっての韓国語力とはすなわち語彙力と言っても過言ではない。

・日本語の小説の韓国語訳を、日本語と韓国語を対照させながらよく読んだ。プロの翻訳家が訳すとこういう韓国語の表現になるのかと唸ることも多く、たいへん勉強になった。

【今つづけていること】

・いろいろと忙しくなり、また関心分野が常に拡散傾向にあるので、韓国語それ自体の勉強に費やせる時間が今はあまりないが、仕事柄、韓国語で書かれた書物や論文、記事などに目を通すことは多く、それが結局のところ、韓国語の勉強になっている。

キーワード

非母語　　移動・逃避　　複数・分裂

情動粒度　　幸福

ここがポイント

・「非母語を学ぶ」とは、〈いま・ここ〉から自分を引き離す
　こと

・新しい言語コードの獲得で、〈わたし〉は複数化する

・非母語への逃走は、さまざまな幸福につながっている

逃避と幸福の言語論

辻野裕紀（九州大学）

　父親の言葉には切実なものがあったが、当時のラッセルは納得できなかった。自由と言われても、母語はむしろ檻のように感じられた。その言葉の中には母親の思い出がある。この町の常識がある。父親に対して不親切な態度を取った人の自惚れも、あの不愉快な共振も。父親には違う言葉が聞こえていたのだろうか。いや、言葉そのものの違いではない。自分と父親とでは響き方が違うだろう。まったく同じように聞こえるはずがない。

　母語から抜け出したい気持ちには変わりはなかった。父親が一人だけで入り込んでいたあの不思議な世界を、自分の目で見たかった。だがラッセルは二度と父親にその願いを伝えることはなかった。

──ケズナジャット、グレゴリー（2023: 77）

何人も、公共の福祉に反しない限り、居住、移転及び職業選択の自由を有する。
何人も、外国に移住し、又は国籍を離脱する自由を侵されない。

──日本国憲法第二十二条

住処としての言語

　本章の目的は、〈逃避〉と〈幸福〉という視座から言語学習を照射し、〈ことばを学ぶ〉という営為について思索するところにあります。
　「人は国ではなく、言語に住んでいる（On n'habite pas un pays, on habite une langue）」──『告白と呪詛』に出てくるエミール・シオランのあまりにも有名なことばです。本稿は、まず、この言辞

241

から出発することにいたしましょう。

「言語に住む」という表現は、シンプルながら、含蓄に富んでいます。なぜならば、次の2点を内意しているからです：

(1)「言語が場所である」ということ
(2) 言語が場所であるがゆえに「移動が可能である」ということ

これらは、私の言語観の根幹を成す、決定的に重要な視点です。

〈逃避〉のための言語学習

母語という繭にくるまれて

イーフー・トゥアンという人文地理学者は〈場所 place〉と〈空間 space〉を区別しました。トゥアンの図式によれば、場所は安全性、空間は自由性であり、私たちは場所に対しては愛着を持ち——ときに〈トポフィリア＝場所愛〉なる感情が生じます——空間に対しては憧れを抱きます。場所は、空間から切りとられて囲い込まれたところであり、価値付与が可能です。とりわけ、「親密な場所」は過去の大切な記憶と結びついた、個人的なものです（トゥアン 1993）。

私たちは、母語という繭にくるまれて、長じてきました。ここで言う母語とは、より正確には「母方言」のことです。トゥアンは、「幼い子供にとって、親はまず第一の「場所」である。幼児にとっては、世話をしてくれる大人は栄養と保護の源泉であり、確固たる安定性のある避難所」であると道破しています（トゥアン 1993: 243）。しかし、親から与えられるものは栄養と保護だけではありません。社会言語学者の田中克彦が言うように、たとえば、授乳は無言でおこなわれることはないでしょう（田中 1981: 28）。授乳という行為には、必ず母から子への「話しかけ」が随伴し、子は母乳と同時に、母のことばを全力で吸いとって、それを全身に染み渡らせ

るのです。嬰児にとって、栄養の摂取と母語の習得は相即不離であり、咀嚼器官が構音機能をも兼掌しているのは決して偶然ではありません。生き延びるためには、栄養もことばも不可欠です。

　もちろん、母語の習得に関与するのは、母語とは雖も、母親だけではありません。私たちは、父親や親戚、近所の人、幼稚園の先生など、〈重要な他者〉(significant others)¹の声音を耳朶に晒しながら、おもむろにその言語の母語話者になっていくのです。それは自らが愛される過程でもあります。そして、他者の「話しかけ」に対して、「応答」したりしなかったりできなかったりを反復しながら、母語を習得していきますが、それはいかにも「人間的」な営みです。「人間的」という語は多義的に使用されますが、ここでは、人間は本質的に〈受動的＝社会的〉な存在であるという人間観に基づいて用いています。ハイデッガーが獅子吼したように、人間は気づいたときには、この「セカイ」へと投げ込まれていて（被投性）、自らの意志で自分の存在を始めることはできません。生の初源からして、私たちは受動的であることが運命づけられているわけです。また、社会学者のチャールズ・クーリーが〈鏡に映った自我論〉で闡明したように、人間は他者を媒介にしてしか自我を形成させることはできません。フランクフルト学派のホルクハイマーとアドルノの『啓蒙の弁証法』の議論からも分明なように、私たちは「好きなもの」さえ他者に統べられています。ルネ・ジラールの〈欲望の三角形〉という学説も聞いたことがあるでしょう。私たちの振る舞いが無意識裡にアーキテクチャやナッジに操舵されていることは、行動経済学の知見が教えるところでもあります。そして、母語を獲得していくプロセスもまた実に〈受動的＝社会的〉なのです。

フィロバティズムとオクノフィリア

　かくして、私たちは母語という安全地帯を手に入れるわけですが、人間は誰しもが安全を求めるとは限りません。精神分析家のマイク

---

¹　社会心理学者のジョージ・ハーバート・ミードの用語。

ル・バリントは、母子一体の「調和的渾然体」が破れたときに出現する状態を、〈フィロバティズム philobatism〉（スリルを求める＝甘えの拒否＝超越的）と〈オクノフィリア ocnophilia〉（安全に執着する＝甘えの病理的形態＝内在的）とに二分しました（バリント1991；中井 2009）。

　私たちと母語との関係を、バリントのこの発達論的対象関係論のアナロジーで考えてみると、人間は、母語の繭で微睡んでいることを苦痛に感じて「親離れ」を望むフィロバット（philobat）と、母語に内閉したいオクノフィル（ocnophil）とに支分できるでしょう。精神科医の中井久夫が言うように、フィロバットも最終的には「帰還する大地」を必要としますが（中井 2009: 13）、彼らにとって、安全な場所＝母語に逼塞していることは極めて窮屈で、非母語への跳躍を求めているに違いありません。何となれば、非母語は安全性を帯びた場所ではなく、自由性を帯びた空間だからです。前述のとおり、空間は憧れの対象となります。「外向き志向」と称呼され、積極的に外国へ行きたがる人たちは、おそらくこうした超越的な心的傾向を有しているものと思量されます。一方で、「内向き志向」で、外国への関心を示さない人たちは、ある種のオクノフィルなのかもしれません。もちろん、外国や非母語に興味を持たず、母語に生きることも良き選択です。しかしながら、母語の「セカイ」に執着したいにもかかわらず、母語という場所に対して安心感を感じられないために、苦悶している人もいるやもしれません。本稿は、そうした人たちのための応援歌にもなることを期待しながら書いています。

■ なぜ非母語を学ぶのか

　母語には人の来し方が如実に現れます。哲学者のオルテガ・イ・ガセットは、「私とは私と私の環境である」と喝破しましたが、「来し方が現れる」ということは、その人が育ち上がった「環境」が透けて見えるということです。母語は徹底して〈環境依存的〉に習得されます。これは、先に述べた〈受動的＝社会的〉の言い換えでもあります。辻野（2016: 7）でも叙したように、「共通語」を話して

いるつもりでも、方言学に通暁した言語学者の手に掛かれば、本人は意識すらしていないような瑣末なアクセントや表現から、その人がどこで言語形成期を過ごしたかが仄見えます。また、地域のみならず、社会階層も言語に投影され、言語と価値が直に結びつけられます。さらに、階層の違いに起因する言語コードの差異は、学力にまで影響を与えることが幾多の論考で指摘されています。場合によっては、そうしたことが差別や抑圧の対象となり、私たちを苦しめたり、辱めたりすることもあるでしょう。

　言語とは個人史の刻印である——私がこれまで様々なところで繰り返し申し上げてきた命題です。母語の奥には大切な人々との許多の追憶が堆積しています。この意味で、誰の母語であっても、絶対的に不可侵の領域＝〈場所〉として尊重されねばなりません。母語とは、憶昔の言語です。しかし、それゆえに、陰性の記憶も同時に焼き付けられているものです。幸福度の濃淡こそあれ、純粋に幸せな記憶のみに彩られた生は、現実的にはありえないからです。客観的には幸せそうに見えても、私たちは母語によって多かれ少なかれ傷つけられています。受傷機転が不明でも、母語が惹起した何がしかの疼痛を負っています。ことばには〈お守りのことば〉と〈呪いのことば〉がありますが（辻野 2023: 30-31）、〈呪いのことば〉はトラウマのように、私たちの自尊心を執拗に損傷させ続けます。子どもの頃に誰かに言われたひとことが呪縛となって内攻し、「転移」的に第三者に対して訳もなく陰性感情を抱くこともあるでしょう。いわゆるコンプレックスも多くは他者から投げつけられた〈呪いのことば〉にその根があります。「自分らしさ」などという根拠なきイメージ像も、その実、〈呪いのことば〉が淵源です。「自分らしさ」だと牧歌的に自他が信じているようなものをひとつひとつ壊していくところにこそ成長の契機が宿っているのですが、他者に「あなたらしさ」を賞賛されることで、私たちは首尾一貫性を強制され、飛躍の貴重な機会が蹂躙されています。

　このように、母語というものを対象化してみると、母語は私たちを被覆する温かい繭であると同時に、冷たい繋縛の檻の如き存在としても立ち現れうることが見えてきます。そして、その繋縛の檻か

ら脱出するための方途として、〈非母語学習〉——言語は「国」ではなく「個」に属するという思想から私は「外国語」という呼称は基本的に用いません——が存在します。

　なぜ非母語を学ぶのか——大学で韓国語や言語学、言語思想を教えているとしばしば問われる根源的な問いですが、私がここで差し出したい答えのひとつは、〈呪縛からの逃避〉です。非母語学習の目的は、上に述べたような母語に不可避的に纏わりついた負の要素からの自己解放、そして、〈いま・ここ hic et nunc〉からの逃避に存すると言ってよいでしょう。〈いま・ここ〉が鬱悒な人、〈いま・ここ〉に煩悶している人にとって、非母語は最高の逃げ場＝ケレンシアとなりえます。ケレンシアとは、憧れとしての〈空間〉ではなく、むしろそこに身を浸すことで安全が触知される、囲繞された〈場所〉です。安全な〈場所〉であるはずの母語が何らかのかたちで脅かされたとき、私たちは母語から逸走し、非母語をその代替とすることができるのです。

ありえたかもしれないもうひとつの生

　私たちは、母語を選ぶことができません。生まれてくるときに両親や自身の性別を選べないのと同様に、子どもは母語を選ぶ権利を享有していません。好悪を問わず、いつのまにか気づいたら、この言語を話していた。それが母語というものです。よしんばそれが他者から強いられた望まない言語であってもです。私は、母語の有するこうした性質を〈選択不能な恣意性〉と呼びます。母語とは、〈選択不能な恣意性〉を濃厚に帯びた存在です。このことは言い換えると、世界中のありとあらゆる言語が私たちの母語になりうる可能性が潜在的にはあったということです。ある言語を母語とすることになったのはどこまでも偶発的な出来事です。したがって、私は、母語以外のすべての言語を〈潜在的母語〉と称し、母語＝〈顕在的母語〉と等しく並置させます。これは、ガヤトリ・スピヴァクの言う〈言語の等価性〉とも響き合う思考です（スピヴァク 2011）。母語を特権化したがる人は、〈関係性の蓄積〉によって、単なる偶然を必

然と読み替えているにすぎません。

　たとえば、もしかしたらあなたは日本語母語話者ではなく、韓国語母語話者として生まれ育っていたかもしれない——そうした「世界線」の想像は、母語の「セカイ」から遁走（とんそう）し、非母語に繭籠る（まゆごも）ことを正当化します。これは〈ありえたかもしれないもうひとつの生〉を自らの意志で生き直すということにほかなりません。母語が選択不能な〈自然的所与〉であるのに対して、非母語は〈意志的選択〉が可能な自律のことばです。再言しますが、言語とは〈場所 place〉です。場所であるがゆえに、移動が可能であり、母語を非母語で自由に置き換えることもできるのです。本稿では、これを〈言語の移動可能性〉と呼ぶことにしましょう。人間にとって、〈移動の自由〉が保証されていることは極めて重要です。

〈移動の自由〉と〈逃避実行性の担保〉

　〈移動の自由〉と言えば、私たちはコロナ禍のなかでその貴さを強く実感しました。パンデミックや人新世＝アントロポシーンの環境破壊など、世界規模の全域的問題を、人間はどこかに逃脱（とうだつ）することで躱避（たひ）することはできません。〈世界〉とは「ありとあらゆるものの全体」だからです。「パンデミック」という語が、ギリシア語の「すべての人々（pandēmos）」に遡及するのも示唆的です。イタリアの植物学者ステファノ・マンクーゾは、「緊急事態」に際会したとき、動物は「逃走」という方法で対処するのに対し、植物はその場にいながら問題を解決するといった旨のことを述べていますが（マンクーゾ 2018: 162-165）、コロナ禍において、私たちは移動の自粛を要請されることで、〈植物的〉なる振る舞いを余儀なくされました。国によっては、行政権力が立法権力よりも優位に置かれる「例外状態」の宣明下、ロックダウンが実施され、移動の自由が著しく制限されました。こうした状況に対して、イタリアの哲学者ジョルジョ・アガンベンが舌鋒（ぜっぽう）鋭く批判したことはよく知られていると思います（アガンベン 2021）。移動の掣肘（せいちゅう）は、「逃げ場」の奪（だつ）

掠であり、自由の制限のなかでもとりわけ重大な権利の剥奪です[2]。たとえば、移動の自由が制約されていると、人間は暴力を受けても逃げることができません。逆に言えば、移動の自由が認められている限りにおいては、暴力からの逃避が可能であり、誰かに支配されたり抑圧されたりすることは起こりません。もちろんこれは思辨に傾斜した理路であって、現実的にはそれだけで支配や抑圧が剿滅されるわけではありませんが、少なくとも移動の保証、すなわち〈逃避実行性の担保〉は、他者からの支配や抑圧を減ずる重要な条件になります。さらに言えば、近現代社会における法制度の刑罰として、身体を拘束し、移動の自由を奪ういわゆる自由刑がもっとも一般的であることも、移動の自由が人間にとっていかに肝要な権利であるかを象徴的に示しています。

〈移動の自由〉、〈逃避実行性の担保〉が認められない社会における人間は、ひたすら耐えるか、自分よりも明らかに屈強な相手と膂力で戦わねばならないこととなり、それは致命傷になります。こうしたありようは完全に非人間的です。

そして、幸いなことに、私たちは〈言語の移動可能性〉については剥奪されようがありません。なぜならば、言語は人間の「頭のなか」にあるからです。

■〈いま・ここ〉ではない〈外部〉を持つこと

たとえば、映画ライターの済東鉄腸は、日本語を母語とする、ルーマニア語表現作家でもあります。しかし、「引きこもり」で千葉と東京からほとんど出たことがなく、ルーマニアはおろか、海外にも行ったことがないそうです。ところが、コルネリュ・ポルンボユ監督作によるルーマニア映画『ポリス、アジェクティヴ』に大きな感銘を受け、ルーマニア語を独学で学び始めます。Facebookで「ルーマニア・メタバース」を構築してルーマニア語を身近なものとし、

---

[2] 移動の自由の重要性についての哲学的考察は、國分（2023）を参照のこと。同書は本節の執筆においても部分的に参考にしている。

2019年にはルーマニアのWeb文芸誌『LiterNautica』に短編小説『Un japonez ordinar』が掲載されます。これにより、彼は「日本人初のルーマニア語作家」となり、爾来、ルーマニア語で小説や詩、書評などを書き続けていますが、日本に居ながらにして、こうした〈言語の移動〉が可能なのは、やはり言語という場所が私たちの内部にあるからです。

　言語学習というと、当該言語圏に行くことが慫慂(しょうよう)されるのが世の趨勢ですが、私は現地体験のみが重要だとは決して思いません。現地に住まずして、非母語に住むことは可能です。彼のように、うつやクローン病といった疾患により、ルーマニアに行くことができなくとも、映画や本、SNSなどを通して、「越境作家」にまでなることができる。これは大いなる希望ではないでしょうか。受験コンプレックスや失恋、就活の失敗などの末、うつ状態となり実家の子ども部屋に引きこもっていた彼は、ルーマニア語という一縷の光に救われた。これはまさに非母語学習の目的、すなわち〈いま・ここ〉からの逃避が十全に達成された好個の事例のように思います[3]。

　韓国語を母語とし、フランス語で執筆活動を展開するグカ・ハンも、渡仏した理由を次のように回視しています（ハン 2022: 212）:

> 正直に申し上げますと、フランスに行きたいというよりも、むしろ韓国を離れることがよりはっきりとした目的でした。当時、私は大学を卒業したばかりの20代の女性で、就職をするか、学業を続けるか、それとも結婚をするか、などの選択肢から何かを選ばなければならない時期に突き当たっていました。しかし、私の眼前に提示された選択肢の中に、私が「呼吸」できるような場所は1つもないように感じられました。（中略）韓国は、全世界の中でも自殺率の高い国で、ここ数年間の10代、20代、30代の死因第1位もやはり自殺です。私は社会学者ではないので、こうした現象についての正確な診断や解釈をすることはできませんが、韓国で過ごした20余年の間、「ここに私の居場所はない」と感じ

---

[3] 委細は、自伝的エッセイである済東（2023）を参照されたい。

たことは数知れません。

　グカ・ハンの場合は実際にフランスへと渡って、フランス語を学んだわけですが、彼女の場合も、〈いま・ここ〉からの逃避がその動因となっています。

　非母語学習の本質は〈外部〉を持つことです。外部としての非母語は、栓塞された母語からの避難所となり、ときにさらなる外部への通路としても機能します。外部は内部を相対化する視点を与え、〈いま・ここ〉がすべてではないことを気づかせてくれます。この意味において、外部を具備し、外部に開かれているという感覚は人間をタフにします。いざとなったら逃げられる――この〈逃避実行性の担保〉がある限り、私たちの精神はどこまででも強靭になれます。〈いま・ここ〉のやり場のない感情は非母語へとコンバートさせると楽になります。そして、非母語を身につけることで、実際に母国を離れ、その言語圏に転脱できる可能性もより高まってくることは言を俟たないでしょう。

　こうして見てみると、逆に、〈いま・ここ〉に充足している人に、外国や非母語への強い関心は萌芽しにくいのかもしれません。異文化や異言語への関心は、〈いま・ここ〉に対する曰く言い難い違和感＝デペイズマン（dépaysement）が誘起するからです。

　〈いま・ここ〉に満足している人は、幸せなことだと思います。そういう人は無理に母語の外へ目を向ける必要はなく、他人が容喙することでもありません。しかし、新たな言語を学ぶと、〈いま・ここ〉での不全感が自ずと手当てされ、そこから遁走するための方途が調達されることは確かです。現状に満足していない人こそ非母語を学ぶべきだと私は思います。哲学者でもあり、心理学者でもあったウィリアム・ジェームズは「二度生まれ（twice-born）」ということばを使っていますが、非母語によって私たちは生まれ直すことができるのです。

〈幸福〉のための言語学習

　ここまで言語学習を〈逃避〉と結びつけて鄙見を開陳してきましたが、次に考えてみたいのは〈逃避〉の先にあるものです。私は非母語学習の目的は「母語に不可避的に纏わりついた負の要素からの自己解放、そして、〈いま・ここ hic et nunc〉からの逃避に存する」と先述しました。ではそのことで私たちは何が得られるのでしょうか。ここからは、目的の目的の解明、つまり、目的展開をしてみようと思います。

複数の〈わたし〉の輻輳[4]

　まず、新たな言語へと分け入ることは、「世界」の見え方を意図的に変えることです。言語が思考に影響を与えるというのは、〈言語的相対論〉あるいは〈サピア゠ウォーフの仮説〉という名で夙に知られていますが、これは日本語や韓国語、フランス語などといった個別言語のみならず、もっとミクロな平面においても生じます。同一言語と見做されるヴァリアントのなかでも、格調高い書きことばを自家薬籠中の物としたり、特定領野の専門用語を身につけたりすることで、「世界」の分節の仕方は大きく変容します。新しい言語コードの獲得は、〈わたし〉を複数化することだと言ってよいでしょう。

　生物学者のユクスキュルの術語を借用すれば、別のことばを手にすることは、異なる〈環世界〉を生きることが可能になるということです（ユクスキュル／クリサート 2005）。それは自らのなかに「複数の人間」を住まわせるということでもあります。これは、哲学者のモーリス・ブランショの「同じ１つのことを言うためには２人の人間が必要」であるという有名な言明ともリンクしますが、知性

---

[4]　「複数の〈わたし〉」の重要性については、温・深沢・辻野（2023）の「あとがき」においても別のパースペクティブから述べた。同稿も参看されたい。

は、複数の〈わたし〉による自己内対話によって駆動され、練磨されるものだと私は思います。

　哲学者のハンナ・アーレントは、「ひとりでいること」を〈孤立 isolation〉、〈孤独 solitude〉、〈独りぼっちであること loneliness〉に鼎分しています（アーレント 2017）。アーレントは、孤独を「一者のうちにある二者」とも表現しており、それは自己内対話が生成される強力な磁場です。孤独のうちにありながら、自らに他者を住まわせる。これは〈いま・ここ〉を相対化するために必要なことだと断じて過たないでしょう。そして、ことばを学ぶ際にも〈孤独〉が必要です。その意味で、言語学習は単に〈外向き〉な構えだけでは奏功せず、〈内向き〉な姿勢が必ず要求されます。コミュニケーションのみを目標とするような浅膚な言語学習観＝言語教育観の下では、言語の法悦を味わうことはできません。

　環世界を移動する能力の高さ[5]は、動物と比較した際の人間の特徴のひとつです。環世界間の絶えざる往還は、積極的に「別人」を生きようとするということにほかなりません。私とは複数の〈わたし〉が輻輳している場所です。こうした思考は、作家の平野啓一郎が言う「分人」主義的な生とも共振します（平野 2012）。また、「〇〇語母語話者に世界がどう映っているのだろうか」と想像を巡らせることは、〈他人の心〉をいかに認識するかという、哲学の〈他我問題〉にも接続していくアポリアですが、それは私たちの共感能力を提高してくれる契機を内包しています。

　〈他者の言語〉を〈自らの言語〉として体内に胚胎させることで、自身が複数のことばが循行する分離可能な場所へと分かたれていきます。かくして、己のなかに日本語話者も韓国語話者もフランス語話者も共在するような、モザイク状の多様性を意識的に宿すこと——こうした〈多重分裂的〉なありようは人間的な成熟にもつながります。そして、成熟は、幸福を招来します（前野 2013）。

---

[5]　國分（2011）はこれを〈環世界間移動能力〉と名付けている。

没頭的幸福

　いま、「幸福」という語を出しましたが、逃避の先にある目的とは、実は幸福ではないかと私は考えています。ここで言う幸福とは、happinessというよりも、well-beingに近い意味です。まだ研究はあまりおこなわれていないようですが、言語学習とウェルビーイングの関係は、講究に価する問題です。

　たとえば、K-POPの「推し活」は、一種の〈逃避〉です。そして、「推し活」は、ウェルビーイングのひとつのかたちだと言えます（石川・吉田 2022）。恋愛はウェルドゥーイングが要請される相互関係ですが、「推し活」は一方的な「信仰」であり、推しがただ「いる」だけでいい、裏切られることのない営みです。〈無謬性〉ではなく〈可謬性〉、〈安心〉ではなく〈信頼〉を前提とした「推し」の存在は、いかにもウェルビーイング的です。さらに、それと同期するかたちで展開される韓国語学習もまたウェルビーイングに裨補します。

　ポジティブ心理学の鼻祖であるマーティン・セリグマンは、幸福の一形態として〈没頭〉を挙げましたが、非母語学習に没頭する時間もやはり〈逃避〉であると同時に、幸福感を齎します。ミハイ・チクセントミハイの言う「フロー」はまさに清福の状態です。

　そもそも学びとは〈遊び〉であって、それ自体が自己目的的、自己完結的なものです。マックス・ウェーバーの社会的行為論の図式で言えば、〈価値合理的行為〉ということです。遊びについては、ホイジンガやカイヨワなどの考察がありますが、子どもが遊びに夢中になることで、現実から逃避し、幸福感に浸るように、私たちも非母語学習に没入することで、同じような効果を得ることができます。心理学の自己決定理論では、動機付けを〈内発的動機付け〉と〈外発的動機付け〉とに大きく分けますが、私は前者を強く推奨します。

　経済学者のロバート・H・フランクは、人間の所有物を〈地位財〉と〈非地位財〉とに分類しました。そして、後者のほうが幸福の持続性が高いことが研究によって明証されているそうです（前野 2013:71；ネトル 2020: 144-147）。社会的地位や収入、衒いなどではなく、学びそのものに愉悦を感じることで、より持続的な幸福を享受

することができるでしょう。

つながるための言語学習

　非母語学習は新しい「つながり」を形成します。「温かな人間関係が幸福度に影響を与える」というのは非常に有名ですが（いわゆる「ハーバードメン研究」）、さらに言えば、友達の多様性も幸福度と相関関係があります。「友達は数ではなくて多様性」というのが現在の幸福研究の知見です（前野 2013: 146-148）。非母語学習は、学校や職場では出会えないような、様々な人々とのえにしを作り出してくれます。非母語学習の「サークル」に身を置いたり、現地に逗留したりすることで、日常的な「ペルソナ」を脱ぎ棄て、「キャラ」で塗り固められた窮屈な状態から脱皮することができます。首尾一貫性はウェルビーイングを高めるための桎梏となるため、こうして、多様な人々といくつもの「分人」を使い分けつつ交わることは、精神的幸福に資するところが大きいでしょう。

　目標言語を習得することで、その言語の母語話者たちと広くつながっていけることは贅言を要しません。

情動粒度

　最後に、〈情動粒度〉という問題について触れます。これは、感情心理学者リサ・フェルドマン・バレットの構成主義的情動理論の用語で、〈心の知能〉（emotional intelligence）と関連があります。たとえば、「すばらしい気分」と「ひどい気分」という2つの情動概念しか知らない人は、心の知能が高いとは言えません。それに対し、「すばらしい気分」のより細かな意味（幸福、満足、興奮、リラックス、喜び、希望…）や、「ひどい気分」の陰影（怒り、腹立ち、警戒、悪意、不満、後悔…）を識別する能力を持っていれば、脳は、予測、分類、情動の知覚に有用な多くのオプションを駆使して、状況に応じた柔軟な対応ができます。そして、情動粒度の高さは、満ち足りた人生を送るにあたって重要です。たとえば、不快な感情を

きめ細かく識別する能力を持つ人は、情動の調節において30%ほど柔軟性が高くなり、ストレスを感じたときに飲みすぎることが少なく、自分を傷つけた相手に攻撃的に振る舞うこともあまりないということが先行研究によって示されているそうです。翻って、情動粒度の低さは、あらゆる種類の問題に結びつきます。うつ病、社交不安障害、摂食障害、自閉症スペクトラム障害、境界性パーソナリティ障害を抱える人や、不安や抑うつを頻繁に経験する人は、負の情動に対して粒度の低さを示します。情動粒度の低さが疾病を引き起こすわけではありませんが、「何らかの役割を果たしていると考えられる」とバレットは述べています。このように、世界の分節の粗密は、知性だけでなく、幸福にも関わっていますが、情動粒度を高めるための方法として効果的なのが、新たなことばを覚えることです（バレット 2019）。母語の語彙を豊かにするのはもちろん、非母語学習で母語には存在しない概念や細緻な世界分節を獲得することによって、私たちはよりふくよかな生を送ることができるのです。

言語・逃避・幸福

　以上、〈逃避〉と〈幸福〉という視座から〈ことばを学ぶ〉という営為をめぐって、私なりに思考を傾けてきました。紙幅の制約もあり、「まとめ」として本章の内容を再度繰り返すことはしませんが、〈母語の外部〉へと超脱する経験＝エクソフォニーが生を好転させる機縁になることが拙文を通して少しでも伝わったなら幸いです[6]。
　最後に、ジル・ドゥルーズの至言を引用して、擱筆したいと思います。

逃走すること、それは行動を断念することではまったくない。逃走ほど行動的なものはない。それは想像的なものの反対である。
　　　　――ドゥルーズ、ジル・パルネ、クレール（2008: 61）

---

[6]　なお、韓国語そのものについてはほとんど触れられなかったが、私の考える韓国語のおもしろさについては、辻野（2022）などを参照されたい。

📖 参考文献 [7]

アーレント、ハンナ（大久保和郎・大島かおり訳）（2017）『全体主義の起原 3 全体主義（新版）』みすず書房

アガンベン、ジョルジョ（高桑和巳訳）（2021）『私たちはどこにいるのか？──政治としてのエピデミック』青土社

石川善樹・吉田尚記（2022）『むかしむかし あるところにウェルビーイングがありました──日本文化から読み解く幸せのカタチ』KADOKAWA

温又柔・深沢潮・辻野裕紀（2023）『あいだからせかいをみる』生活綴方出版部

ケズナジャット、グレゴリー（2023）『開墾地』講談社

國分功一郎（2011）『暇と退屈の倫理学』朝日出版社

國分功一郎（2023）『目的への抵抗──シリーズ哲学講話』新潮新書

済東鉄腸（2023）『千葉からほとんど出ない引きこもりの俺が、一度も海外に行ったことがないままルーマニア語の小説家になった話』左右社

スピヴァク、ガヤトリ・C（鈴木英明訳）（2011）『ナショナリズムと想像力』青土社

田中克彦（1981）『ことばと国家』岩波新書

辻野裕紀（2016）「言語教育に伏流する原理論的問題──功利性を超えて」『言語文化論究』37、九州大学大学院言語文化研究院

辻野裕紀（2022）「韓国語　日本語人を「言語学者」にする言語」『群像』2022 年 3 月号、講談社

辻野裕紀（2023）「〈愛の言語論〉序説」『言語科学』58、九州大学大学院言語文化研究院言語研究会

トゥアン、イーフー（山本浩訳）（1993）『空間の経験──身体から都市へ』ちくま学芸文庫

ドゥルーズ、ジル・パルネ、クレール（江川隆男・増田靖彦訳）（2008）『対話』河出書房新社

中井久夫（2009）『精神科医がものを書くとき』ちくま学芸文庫

ネトル、ダニエル（金森重樹監訳、山岡万里子訳）（2020）『幸福の意外な正体──なぜ私たちは「幸せ」を求めるのか』きずな出版

バリント、マイクル（中井久夫・滝野功・森茂起訳）（1991）『スリルと退行』岩崎学術出版社

バレット、リサ・フェルドマン（高橋洋訳）（2019）『情動はこうしてつくられる──脳の隠れた働きと構成主義的情動理論』紀伊國屋書店

ハン、グカ（辻野裕紀・金兌妍訳）（2022）「母語でない言語で書くということ──言語の重さと速度、そして距離」森平雅彦・辻野裕紀・波潟剛・元兼正浩編『日韓の交流と共生──多様性の過去・現在・未来』九州大学出版会

平野啓一郎（2012）『私とは何か──「個人」から「分人」へ』講談社現代新書

ホルクハイマー／アドルノ（徳永恂訳）（2007）『啓蒙の弁証法──哲学的断想』岩波文庫

前野隆司（2013）『幸せのメカニズム──実践・幸福学入門』講談社現代新書

---

[7] 翻訳書の刊行年は、原著ではなく、翻訳書が刊行された年を記載している点、留意されたい。

マンクーゾ、ステファノ（久保耕司訳）(2018)『植物は〈未来〉を知っている―― ９つ
　の能力から芽生えるテクノロジー革命』NHK出版
ユクスキュル／クリサート（日高敏隆・羽田節子訳）(2005)『生物から見た世界』岩波
　文庫

辻野裕紀「母語でないことばで書く人びと」朝日出版社ウェブマガジン「あさひてらす」
　https://webzine.asahipress.com/categories/1033

AIも仲間にして、旅をつづける…

　うらやましい。真似したいと思った。

　共著者の奥奈津子さんはわたしと同じ2000年代初めに同じソウル大学で学んでいたが、「中級のころにやっていたこと」がまるで異なる。毎日、「心の動き」について日記を書き、フランス文学を高麗大学大学院で学んだ「宣善オンニ」に添削してもらっていたという。その一端（18-20ページ）を垣間見て、上級になったはずの「今」、いちばんしたいこと、してもらいたいのはコレだ！と声を上げた。

　そんな「宣善オンニ」は、生成AIの飛躍的発展によって、すでに「わたし」の傍にもいる。スマホのアプリにChatGPTをダウンロードしよう。最新版のGPT-4oは、テキストはもちろん、音声や画像も瞬時に読みとり、自然に対話できる。

　ウインドウにこう書き込む。

日記をつけています。まず、日本語で書き、韓国語にしました。この韓国語を、より自然な韓国語になるように添削してください。

またいつもの生活が始まった。波乱万丈の旅行だったが、ソウルではない別の場所に行くことでしっかり気分転換することができた。

다시 보통생활이 시작되었다. 파란만장한 여행이었지만 서울이 아닌 다른 데에 가는 것으로 기분전환을 잘 할 수 있었다.

すると、瞬時に、こう返してくれる。

韓国語（添削後）
다시 일상으로 돌아왔다. 파란만장한 여행이었지만, 서울이 아닌 다른 곳에 다녀와서 기분전환이 잘 되었다.

修正ポイント
・다시 보통생활이 시작되었다 → 다시 일상으로 돌아왔다：「보통생활」よりも「일상」の方が自然です。
・다른 데에 가는 것으로 → 다른 곳에 다녀와서：「다른 데」より「다른 곳」がより自然で、「다녀와서」という表現が適切です。
・기분전환을 잘 할 수 있었다 → 기분전환이 잘 되었다：より自然な表現に変更しました。

自習するには、これで十分である。ここでは再現できないが、スピーキングの練習相手にもなってくれる。

「中級にオススメの勉強法を教えて」だと一般論しか返ってこないが、「いま・ここ」における「わたし」の「葛藤（갈등）」を具体的に打ち明けると、実に頼りになるメンターである。共編者の朴鍾厚さんが言うように、「AIとの上手なコーワーク（協働）」（209ページ）がひとりひとり、問われている。韓国語に限らず、生身の語学教員は、テキスト偏重の教育から、音声、画像や動画も含んだ「ことば」のやりとりや、TPOに応じた立ち居振る舞いへと、見直しが迫られている時代である。

このように学習環境がすっかり様変わりしたなか、「わたし」たちはどのように学ぶのか。わたしたち12人も、同じ「永遠の学習者」として試行錯誤をつづけていく。

2024年度、わたしは同志社大学から「安息年（在外研究）」の機会を得て、19年ぶりにソウルで生活している。韓国語については2つ、目標を掲げている。ひとつは、受け入れ先の統一研究院（金千

^{シク}
植院長）で「懸案分析」のレポートを書いたり、セミナーで報告したりすることで、自分の分野に関する「書く」「話す」能力をサークル内で「認定」されることである。もうひとつは、寝転がって小説を楽しめるように、社会科学に偏っている語彙力を標準化することである。「必要は発明の始まり」だし、「好きこそ物の上手なれ」という。

　そうした平穏な日々のなかで事件が起きた。自宅のトイレが詰まったのである。

　迂闊にも、ラバーカップ（すっぽん）を準備していなかった。スーパーに買いに行く前に、単語検索。「뚫어뻥」と出た。動詞「뚫다（開ける／通す）」の連用形に擬音語「뻥（ポン）」。「なにそれ早よ!!!」と変な声が出た。

　だが、ポンとは開通しなかった。家主にKakaoTalkでSOSを願い出た。「트래펑を試せ」と返ってきた。固有の商品名は知らなかったが、動詞「트이다（詰まりを解消する）」に擬音語「펑펑（じゃあじゃあ）」の組み合わせだと気づく。いかにも効きそうだ。

　それでも、なんどやっても、水はじゃあじゃあ流れなかった。こんななかでも、韓国語クラスタとしては、楽しくてしかたなかった。このネタ、おもしろいし、いつか使える、と。

　一般名詞「뚫어뻥」も、固有名詞「트래펑」も、実に理（利？）にかなっている。そのものがありありと浮かび、いちど聞くと忘れないネーミングである。商品名としては「이가탄」（이가 탄탄하다［歯が丈夫だ］にかけた歯周病薬）に匹敵する出来だ。

　…トイレはどうなったかって？ ChatGPTに「화장실이 막혔어요. 뚫어뻥도 트래펑 써봤는데 물이 내려가지 않아요（トイレが詰まりました。뚫어뻥も트래펑も試してみたんですが、水が流れません）」と話しかけると、「베이킹 소다와 식초 사용하기（重曹と酢の使用法）」など4つの方法をすぐに詳しく教えてくれた。それでも無理なら、「변기 막힘이 심각한 상태일 수 있으니 배관 전문가를 부르는 게 좋지요（トイレ詰まりが深刻な状態かもしれないので、配管の専門家を呼ぶのがよいでしょう）」とダメ出し、いや助言。結局、プロに助けてもらったのだった。

通じないときこそ、チャンスである。別の方法を試す。誰かに助けを求める。プロに教わる。そうすることで、「わたし」の学ぶ方法や姿勢を根本から見直していく。

　別の日。在韓歴40年の大先輩の記者にトルコ料理（グローバル・シティのソウルでは、さまざまなエスニック料理を楽しめる）をご馳走になった。ソウルにいる「わたし」が、このタイミングで、何を、どのように書くのかについて考え抜かないと、意味がないというひとことがグサリときた。プロフェッショナルの流儀を目の当たりにし、今も胸がチクチクする。

　先日、話題を呼んだミン・ヒジン氏（NewJeansのプロデューサー）の記者会見はライブ中継され、どこにいても、誰でも記事を書けた。それこそ、生成AIに記者会見の動画を解析させると、「無難な」要約くらいなら、瞬時に「吐き出して」くれる。そのなかで、生身の人間、この「わたし」にしか書けない記事、生身の教員しかできない授業は何なのか、考え抜く必要がある。

　そのためには、「何を」「誰に」届けたいのか、その人は何を知りたいのかを想像したい。上記の例だと、1回目の記者会見（2024年4月25日）は「개저씨들（くそジジイども）」に対する不平不満にリアルタイムで共感してもらうこと、2回目（同年5月30日）は親会社に対して和解を申し入れることが核心である。それを日本の読者に伝えることで、K-POPに限らず、芸能事務所のあり方や「推し」とファンダムの関係などを見直すキッカケになればいい。

　この本は、韓国語で／に「葛藤」している「あなた」に届けたい。初級はひととおり終えたけれど、同じところでグルグル回っていて、もどかしくてならない「あなた」になんらかのヒントにしてもらいたい。韓国語に限らず、「ことば」が通じない、これまでのやり方では行き詰まっている「あなた」の「돌파쪠」にしてほしい。

　巻末の「キーワード索引」は「漢字語」「中級」といった定番のものだけでなく、「不安」「勇気」「好き」「試行錯誤する」「繰り返す」といった感情や行動に焦点をあてた。主語＝主体は「学習者」である

「わたし」たちだ。

　韓国語セカイを生きる。韓国語セカイで生きる。ことばとともに、なんどでも生き直す。人生という旅路＝探求を、「いま・ここ」を楽しもう。

「学習者」のための キーワード 索引

サ行

タ行

ラ行

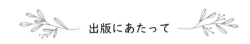

出版にあたって

　本書は立命館大学東アジア平和協力研究センターが韓国国際交流財団（KF）から受けた2023年度研究助成に基づいて実施された研究プロジェクトの成果のひとつである。

　本研究センターは2019年12月に設立されて以来、東アジアの平和と協力を中心テーマとして、とりわけ外交・安保・経済の分野において、数多くの国際シンポジウムや国際フォーラムを実施し、様々な研究成果を公表してきた。今回、『韓国語セカイを生きる 韓国語セカイで生きる』を出版するにあたって、あまりにも有名なユネスコ憲章の前文が改めて想起されよう。

　戦争は人の心の中で生まれるものであるから、人の心の中に平和のとりでを築かなければならない。
　相互の風習と生活を知らないことは、人類の歴史を通じて世界の諸人民の間に疑惑と不信を起こした共通の原因であり、この疑惑と不信の為に、諸人民の不一致があまりにもしばしば戦争となった。

　言葉はその言語を使用する人々の感性や思考方式および生活習慣を反映するために、その文化と離れて深い理解はできない。言葉を理解するということは、その言葉を使用する人々や社会を理解することである。すなわち、言葉に対する深い理解は他者理解であると同時に、他者理解は平和を構築するために不可欠な礎となろう。

　本プロジェクトに関して、人選・研究会運営・編集などの実務は本研究センター副センター長である浅羽祐樹教授（同志社大学グローバル地域文化学部）に一任した。敬意と感謝を申し上げたい。同様に、本書の執筆者の皆様のご協力に対してお礼を申し上げたい。
　最後に、韓国国際交流財団（KF）に改めて感謝の意を表したい。

2023年12月

立命館大学東アジア平和協力研究センター
センター長　中戸祐夫

著者一覧 （現職：2024年時点）

浅羽祐樹 ：同志社大学グローバル地域文化学部 教授

浅見綾子 ：株式会社HANA 出版部長

新井保裕 ：文京学院大学外国語学部 准教授

林炫情 ：山口県立大学国際文化学部 教授

大貫智子 ：中央日報 東京特派員

奥奈津子 ：在ニューヨーク日本国総領事館 領事／広報センター次長

木下瞳 ：総合研究大学院大学 後期博士課程

黒島規史 ：熊本学園大学外国語学部東アジア学科 准教授

辻野裕紀 ：九州大学大学院言語文化研究院 准教授

成川彩 ：東国大学日本学研究所 研究員

朴鍾厚 ：同志社大学グローバル地域文化学部 准教授

梁紅梅 ：各大学で中国語・韓国語の非常勤講師など

韓国語セカイを生きる　韓国語セカイで生きる
AI時代に「ことば」ではたらく12人

2024 年 7 月 20 日　　　　　　　　　　第 1 刷 発行

編著者　　　　　　　　　　浅羽祐樹　朴鍾厚

発行者　　　　　　　　　　　　小川洋一郎

発行所　　　　　　　株式会社 朝日出版社
〒101-0065 東京都千代田区西神田3-3-5
電話 03（3239）0271
FAX 03（3239）0479
振替口座 00140-2-46008
https://www.asahipress.com

組版・装丁　　　　　　　メディアアート

印刷・製本　　　　　錦明印刷 株式会社

ISBN 978-4-255-01374-9 C0087